威廉 科貝特

寫給正走在每個人生階段的你

青少年、青年、戀人、為夫、為父，
來自英國散文家的五封信

威廉·科貝特——著
呂紅麗——譯

一次豐富的思想贈與，

一部暢銷全球的心靈聖經

重量級人生智慧，被譯成十幾種語言的歷久不衰經典

每句話都將改變你的人生，威廉·科貝特致每一位年輕人！

「在開始第一封信之前，我斗膽期望，
這些建議的良好影響會在作者逝去後依然長存。」——威廉·科貝特

目錄

目錄

自序

提醒年輕人、指導年輕人、為毫無社會閱歷的年輕人提供幫助是我們這些年長者和有社會經驗之人的責任，同時也是我們的榮幸。在水手們幸運地從暗礁和巨浪中逃生後，只要他們不是海盜或野人，就一定會在出現暗礁和巨浪的地方放置航標或指明燈，以警示後人，避免重蹈覆轍。但凡有點人性的人，不幸遭遇沼澤或流沙，而又有幸沒有被吞噬，怎麼可能不去提醒自己周圍的人，小心提防那些危險的地方呢？

如果我們在年輕時受到了正確的觀點和有效的原則的影響，那麼這些正確的觀點和有效的原則自然會有助於我們培養出良好的品格。這些使我們一生都受用無窮的良好品格將會，也一定會被善於觀察的人所熟悉。然而，有多少人在進入不惑之年時，就開始在悔恨中度日；不，應該說，有多少人在年輕時，因為不曾學到這些可以給我們帶來快樂舒適生活的知識，與使我們的生活充滿幸福和諧的知識而悔恨不已啊！

自序

本書的主要內容是交流教育、科學、貿易、農業、園藝、法律、政治和宗教方面的知識，以及與之相關的知識，而本書的主要目的是及時向年輕人傳達這些知識，以免時近老年學已無用時而悔恨。

將我所擁有的知識傳達給他人，是我的愛好，也是我的樂趣；了解我這一生所取得的成就的人，都認可我是這項工作的最佳人選。說到暗礁、巨浪、沼澤或流沙，有誰比我經歷的多？在我很小的時候，也就是十一二歲吧，就被扔進了茫茫人海（實際上，我是自願的）。那時我身無分文，更沒有良師益友，也沒有什麼書本知識可以指引我，我只能完全依賴自己的雙手，頑強地生存下來。後來我成為一名普通的士兵，開始軍旅生涯，背井離鄉長達八年。之後，我得到晉升，便結束了軍旅生涯，還得到一筆不菲的安置費。接著，在我還很年輕的時候，我就結了婚，然後去了法國學習法語，後來又去了美國。在美國生活了八年，賣過書，也寫過書，積極參與了一七九三至一七九九年那段時間所有重要的討論。那個時期，英國和法國之間的紛爭層出不窮，在那些紛爭中，我見解獨到，在我所參與的紛爭中都發揮正面作用，受到政府的認可，並得到祖國的召喚。於是，我於一八〇〇年回到英國，再次依靠自己的勞動艱難度日。在這二十九年中，我有兩年是在監獄中度過的，還被重重罰了款，還有三年是在大西洋的另一端過著流放的生活，那時完全沒有經濟來源，甚至連張睡覺的床都沒有。在那二十九年艱難困苦的日子裡，在我生命中的每一個星期（有十一個星期除外），無論是否在流放中，我都會撰寫並發表一篇文章，討論一些或多或少受到人們關注的大事小事。在這二十九年中，我撰寫了《法語語法》和《英語的另一種語法》，撰寫並出版了《鄉村經濟》、《森林與林地》、《園藝者》和一個關於美國的故事，一本關於布道的書，還完成《玉米種植》和《新教改革史》兩部作品。我的所有書籍銷量都很好，並被反覆印刷，最後，這些書無可厚非地成為除《聖經》以外全世界最暢銷的書。在這二十九年中，雖然我經歷了不計其數的磨難與困窘，但是我卻為英國引進了草編製作方法和許多珍貴樹種，也就是在這二十九年中，我為英國引進了玉米植株的栽培方法，使玉米成為英國非常珍貴的食物來源。也是在這同一時期（無論是否在流放中），我在倫敦經營著一家規模較大的商舖，那時，我的員工從來沒有少於十人，他們中有和我水準相當的人，還有出版商、裝訂商以及其他與報刊書籍有關的菁英們。同時，在這二十九年充滿磨難、窘困、監禁、罰款和流放的生活中，我養育了七個孩子。

如果經歷這麼多磨難而能倖存下來，同時還取得這麼多成就的人，都沒有資格

自序

給年輕人提點建議，那麼我相信這個世界上就沒有人能夠勝任這項工作了。雖然我天賦異稟，但是只靠這些天賦是不可能指引我戰勝那些艱難困苦的。我所感受到的友誼是純潔的，是無利益關係的。不要指望在黨派之間能建立真正的友誼，他們一旦承認存在友誼，那必然是有所圖、有所求的，而那種源於為他人做了好事而產生的感激所建立起來的友誼，才是真誠的友誼，而這樣的友誼，沒有人比我擁有的更多。

僅靠純粹的天賦，是不可能獲得這些的。一定有比天賦更重要的品格：是孜孜不倦的付出、是堅持不懈的努力，在全體人民面前，他一定有不同尋常的努力付出。人們常常會說：「這樣一個人，給我們創造了多少智慧啊！他是多麼沉著冷靜，他的飲食是多麼簡單，他每天起得是多麼早啊，他是多麼勤儉節約啊！」是這些，而不是所謂的天賦，使我能夠持之以恆並取得成功。雖然我相信，每一個讀了這些建議的年輕人都會進行不同程度的勞動，但是我更願意相信，每一個接受這些建議的年輕人，無論他的生活境況如何，總會比那些沒有接受這些建議的人做得更好，生活得更舒適、更滿足。

我收到來自幾千名年輕人和年長者的感謝信，他們都從我的作品中獲益匪淺。

有些人因為我寫的關於語法的書而感謝我，有些人因為我寫的《鄉村經濟》而感謝我，還有些人因為我寫的《林地與園藝家》而感謝我。總而言之，我所寫的每一部作品，都有無數人寫來感謝信，甚至還有些我從來都沒有聽說過的人。經常有人告訴我，如果各黨派的人，在幾年前把我的書拿去好好讀一讀，不論在時間方面還是其他方面，都會有極大的收穫。很多人都對我說過，雖然他們在學校學習了很長時間，雖然他們的父母專門花錢請人教過他們英語語法或法語，但是他們用很短的時間從我的書中所學到的知識遠遠要比他們從他們的老師那裡花幾年時間學到的東西要多得多。不知有多少人，因為我所寫的《林地與園藝家》而感謝我，因為他們發現（正如培根勛爵當年發現的那樣），在這之前，沒有一本有關這方面內容的書，能夠讓他們讀得懂！然而，我最大的滿足感是來自一位我從未聽說過的家境殷實的紳士。四年前，他親自拜訪我，以示感謝，因為他和他的兒子在讀了我那本關於飲酒與賭博的布道書之後發生了徹底的改變。

以這種方式，我給過很多人建議，但是這依然遠遠不夠，人們希望我能將這些建議進行整理壓縮，因此我將我的建議按以下方式分類：

自序

◆給青少年的忠告。
◆給青年人的忠告。
◆給戀人的忠告。
◆給為人丈夫者的忠告。
◆給為人父親者的忠告。

看到科貝特要給愛情提建議時，可能有些人會莞爾一笑，而有些人則放聲大笑！是的，我是要為愛情提建議，因為我也年輕過，我記得有位詩人（他的名字我已不記得了）說過：「雖然我年事已高，不再是女士們愛慕的對象，但是我仍然記得曾經的美！」實際上，就像忘記了那位詩人的名字一樣，我已經完全，幾乎是完全忘記那些女士的名字了，但是我卻記得她們給男人們帶來的影響以及這些影響對男人們的行為、事業和生活狀態的影響，我這一生都在見證這些影響。一個男人的後半生有多幸福，在很大程度上是由他對戀人的品味和判斷決定的，這也是一個男人一生中最重要的時期。

在我對一個為人丈夫者的建議中，當然，我會介紹一些與主人和僕人之間的重要責任相關的建議。責任，不論是對於家庭成員來說，還是對於一個團體來說都是至關重要的。在我對一個公民或子民的建議中，我會談到統治者與被統治者之間的相互責任以及人與人之間的責任。如果要把適用於每一個獨特職業和生活狀況的責任一一列出來，就會過於冗長乏味。但是我會根據上述我所列的提綱，陳述每一條我認為無疑是最實用的建議。

在此，我已全面地介紹了我這部小作的特點，在我開始我的第一封信之前，我斗膽期望，這些建議的良好影響會在作者逝去後依然長存。

自序

第一封信　給青少年的忠告

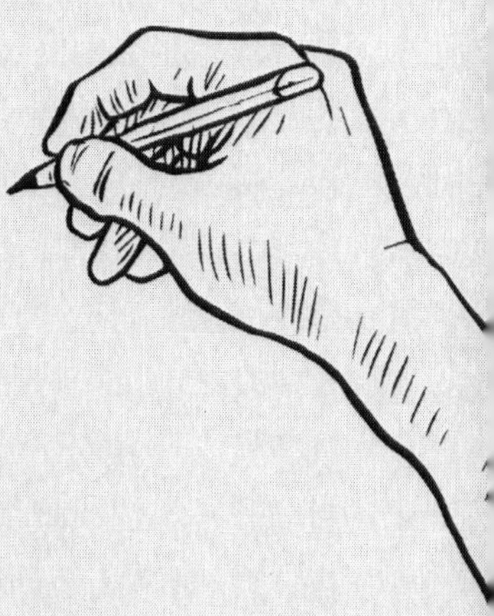

從法律意義上講，你現在已經到了可以宣誓的年齡，你的誓言已經具有法律效力。如果你在十四至二十歲，請將我關於你們對於父母應盡的責任的建議保留下來，以備後用。這些建議會有助於你成為一個快樂的人、一個有用的人、一個能夠讓撫養你長大的人感到驕傲的人。

首先，我懇請你牢記一點，如果你只有強健的身體和健全的心智，卻無所作為，那麼你是無權生活在這個世界上的，除非你家財萬貫，終生衣食無憂。然而即便如此，你也無權哺育後代，或由他人所撫養，你也不要期望會有他人來撫養你。請務必謹記這一點。希望靠別人的勞動而生活的想法，不僅本身十分荒唐，而且需要你挖空心思欺天罔地，有時候甚至可能會使你產生欺詐甚至搶劫的邪惡想法。

假如你現在屬於中產階級，那麼幸福一定是你所追求的目標，然而幸福卻只能透過自立獲得。不要因為別人的喜愛、偏愛、友誼或所謂的興趣而追逐成功，你只能依靠自己的能力和努力才能獲得成功，把這句話牢記在心。不要讓那些華麗的服飾或冠冕堂皇的頭銜矇蔽你的雙眼，它們會導致你看不見充當奴隸的屈辱與痛苦。不要用什麼「這些事總要有人去做」這樣的話來反駁我。如果我認可這種想法（當然我是不會的），那麼就會讓你錯誤地以為這樣的生活會給你帶來幸福，然而恰恰相反，以我的觀察，只有自立才能給人帶來美好而長久的人生。

實際上，理性告訴我們，事實就應如此：如果一個人僅靠別人的喜愛或偏愛而生活，那麼，同樣地，這種喜愛或偏愛也是很容易失去的。如果一個人不是靠自己的勞動而生活，那麼他的周圍一定不可避免地聚滿了競爭對手。他最大的資本無非只是他的奴性，而這種奴性又決定了他很容易被他人所超過。他每天都面臨著被踢出局的危險，他的生活反覆無常，他總是生活在不穩定和永無休止的惶恐中，他雖然不至於過著飢餓與失業的潦倒生活，但是，更糟的是，他的懶惰與奴性相比，後者比前者所要付出的代價更大。通常情況下奴隸都能吃飽穿暖，但是奴隸卻只能卑躬屈膝，不敢說出自己的心聲，他們甚至害怕他們的主人會懷疑他們有絲毫的不忠。他們可能會憎惡主人的行為，主人可能是一個暴君、一個酒鬼、一個蠢貨，或者三者兼之，可是當奴隸的只能沉默，甚至十之八九，會讚許他們主人的齷齪行為。即使他們的知識要比他們的主人淵博一千倍，但是要裝出一副唯主人之命是從的模樣；雖然他們心裡非常清楚，主人所得到的一切都是由他們所創造出來的，但是他們沒人敢奢望得到其中的一部分！然而，大大出乎我所料的是，許多年輕人，寧願接受這樣的生活方式而苟且偷生！這種生活只適合於自然界中的動物，只適合那些止足不前、缺乏遠見、安之若命、自甘墮落之人！

究竟是為什麼，有這麼多強健而聰明的年輕人心甘情願地向這種奴性俯首折腰，為什麼這種在競爭中的奮力向前，卻被認為是無法忍受的束縛？原因，也是唯一的原因，是現在社會中盛行的有毒的風氣激發了太多虛幻的欲望，使得年輕人的思想極大地脫離自身所處的階層和生活狀況，他們鄙視那種為衣食而勞作的生活，為了避免這種本可以讓他們過上自由和幸福生活的勞作，他們做起了浮華不實的奴隸。

曾經無數聰明又趾高氣揚的人，都在某種程度上由於他那虛幻的欲望而變得軟弱低劣。沒有幾個人像查理斯？福克斯那樣公正地完成偉大的事業並獲得了經久不衰的讚譽：他才華橫溢，這些才華給他帶來了無數的成功，大部分的國民以及黨派都對他十分崇敬。在處理他與對手彼特之間的問題時，顯然他是站在理性和公正這一邊的。然而，由於他生活奢侈浪費，使得他不得不依賴於黨派中富有的人，這也就使得他的智慧不得不屈從於愚蠢和自私，從而剝奪了他本來可以利用他的才華為國家創造利益的機會。最終，正因為他的奢侈浪費，使得他在進入墳墓時，竟無人為他感到惋惜，而如果他在早年去世，這些人一定會把他的逝去視為是一場國家的災難。

對奢華的外表、洋房、駿馬，以及其他一切物質東西的迷戀，特別是對奢侈外表的追逐，應該是年輕人所要避免的。這種奢華，這種為了粉飾外表而去浪費金錢的行為，都源自自我的虛榮，源自那種最低劣的虛榮。這種虛榮是由一種觀念導致的。你總以為大街上的所有人，在你走出家門時都會看著你，都會或多或少因為你穿著體面而對你有所好評。再沒有比這種觀念更虛偽的了。所有碰巧看到你的人，如果是智者，他看重的是你本人的內涵而不是其他。而那些和你一樣擁有這種虛榮觀念的人，會認為你是在故意炫耀，也會因此而鄙視你。富有的人會看不起你，而那些和你同樣有虛榮心的人，會因為他們自己的虛榮心得不到滿足而嫉妒和憎恨你。衣裝應符合你的身分和所處的場合。無論是外科醫生還是內科醫生都不應該穿得像木匠一樣！那種認為僅靠外部服飾，就能獲得很大優勢的看法是大錯特錯的。人們評判一個人，是根據他的能力和他是否願意去做有意義的事來判斷的。雖然，對於一些愛慕虛榮的蠢女人們，奢華的服飾確實能發揮作用，但是大部分男性，相對具有較強的洞察力，不會僅透過一個人的外表來評判一個人，他們會看得更透徹，其判斷的標準也不同。如果你是靠華麗的衣服贏得妻子的，那麼這個妻子能勤儉、善良嗎？她對你的愛能長久嗎？當然，一個人的內在美又是另一回事，這種美，對於男人，通常也一定是非常重要的品質，對於女人更重要。但是，昂貴的華服是不可能使你產生這種內在美的。女性的眼睛是很敏銳的，她們能發現隱藏在大鬍子後面的美，他們甚至能發現髒兮兮的破衣服下的美。記住這個小祕密，這也是一種財富：雖然有些女人自己可能會比較愛慕虛榮，但是她們卻鄙視愛慕虛榮的男人。

衣服即使很廉價，但只要整潔就無傷大雅，多考慮考慮衣服的色彩搭配，而不是衣服的面料與質地。只要你的職業對著裝沒有特殊要求，衣服保持乾淨整潔就可以了。只要是有理智的人，是不會因為你的衣服華麗昂貴而愛戴和尊敬你的。然而，現代社會中，十分不幸的是，很多人都好高騖遠，欲望遠遠超出了自己的生活水準。每個都想當然地認為自己應該受到禮遇，即使自己沒有頭銜或顯著的身分，至少也應該可以不勞而獲。這種思維方式是極為有害的，甚至是毀滅性的，就像我們生活中其他的惡行一樣。國會，由於其法案，給自己帶來了巨大的債務，結果，絕大部分的債務都是透過每年課稅來償還的。透過這種方式，也就造就了貸款商和證券商的層出不窮。這就是一種賭博，有的人在一天之內就可能變得腰纏萬貫，而有的人在一天之內就可能淪為乞丐。那些運氣不佳的賭徒，就像空頭樂透的購買者一樣，沒有人會知道結果，幸運的人，有的成了貴族的座上賓，有的自己也就變身成了貴族。在最近的幾年裡，我們見到這些賭徒中的很多人，在幾天之內就獲得了數百萬的巨額財富。隨後我們就會聽說這些曾是人類社會中最低等、生活在最底層的臭名昭著的人，搖身一變，成了「值得尊敬的紳士了」！在這樣的社會環境中，還有誰會勤儉節約、努力學習、相互關愛呢？前不久，有一個人，曾在倫敦當過一段時間商人，後來，他不再致力於自己的生意，而是成了一個證券商，或者說是成了一個賭徒。大約在兩年內，他就有了自己的四馬大車，在農村和城裡都置辦了房子，於是，開始頻繁地拜訪那些身分地位極高的貴族們，同時也有許多貴族來拜訪他！這個幸運的賭徒，有一個同伴，在商界也是個很出色的商人，不甘心沒有自己的四馬大車，於是，他將自己所有的資產都投入到貿易賭博中，以期能出現奇蹟。但是，幾個月後，他不但沒能坐上自己的四馬大車，還上了英國的《公報》！

這只是眾多實例中的一個，實際上，雖然這些案例的內容不同，但其根源都是一樣的——「賭博」，這一個詞已被「投機」所取代。於是人們對賭博的厭惡感不存在了。這些人雖然都冠冕堂皇地稱自己為紳士，卻不願意為餬口而勞作。如果現實是這樣，誰還會考慮，這個國家的大部分年輕人，是否應該像紳士一樣善良，有學識，有教養呢？誰還會考慮，他們是否應該被當作紳士呢？

雖然人們心裡普遍存在的欲望都超過了他們的實際情況，雖然現在多數的年輕人已不會努力學習和辛勤勞作，雖然所有這些情況都已是毋庸置疑了，但是，即便這樣，我也有理由提醒大家不要成為這樣的受害者。不是我們每個人都能成為「騎士」或「紳士」，我們中必定會有一大部分人要去製作服裝、修繕房屋、從事貿易或商業。這些我們都能做，而且我們中大部分人必須要實實在在地做點什麼，因為《聖經》中這樣寫道：「不勞者不得食！」但是我們太希望被別人稱為「紳士」了，這種欲望在那些曾經勤勞的年輕人和謙遜的國家中是如此普遍。然而，這個國家，曾經是一個因耐心、守時和正直等方式獲得財富而聞名的國家，曾經是一個因其堅定的行政政策和素養而聞名的國家，曾經是一個因憎惡所有浮華不實和虛假的東西而聞名的國家，但是此時，這種投機的不正之風在年輕人中太普遍了，以致這個國家中成千上萬的人們，至今仍然生活在半飢餓狀態中，不是因為他們太懶了，而是因為他們太驕傲了！那麼結果怎樣呢？這樣的年輕人就會成為他們父母的負擔，而他們的父母，即使不需要他們去贍養，也本應該生活得安逸舒適。年輕人總是喜歡追求高於他能力範圍的事，因而他們的生活中總是充滿了失望與恥辱。如果他的婚姻也失敗了，那就是真正的災難，這既關乎他人又牽涉到他自己。他的命運要比勞作中的普通窮人糟糕幾千倍。十之八九他會面臨早逝。啊！死亡已經非常不幸了，更不要說可恥地死亡了！愚蠢的驕傲其實與瘋狂是一對同義詞。《唐吉訶德》中的兩個瘋子，一個自以為是海王星，另一個自以為是木星。莎士比亞與塞萬提斯在這方面不謀而合；《李爾王》中的瘋子湯姆，當被問到他是誰時，他回答：「我是一個了不起的裁縫！」我們聽到，有多少人都把自己和貴族或國王扯上關係，卻沒有幾個人願意把自己譬為上帝之子！我呼籲每天的報導、評論，關注我們這個國家中不斷飆升的可惡的瘋狂現象。僅僅幾年的時間裡，有多少年輕人，要是他們的思想沒有受到當今投機現象的扭曲，他們應該可以過上快樂長久的生活，這些年輕人曾經都是那麼有天賦，有才能，有父母的關愛，有朋友的關愛，為很多人所羡慕，總之，他們的生活本是非常理想的，然而由於那種建立在錯誤的虛榮之上的驕傲，結束了他們自己存在的意義！

酗酒和暴食，是極為骯髒和可惡的惡習，我認為沉溺於這些惡習的人們，是不配得到我的建議的。而那些剛剛開始接觸這些可憎和低劣惡習的年輕人，應該讀一讀我現在所給的建議，我會讓他去讀一讀《申命記》第二十一章，上帝給以色列人摩西所傳達的指令。書中說，人若有頑梗悖逆的兒子，不聽父母的話，他們雖懲治他，他仍不聽從，父母就要抓住他，把他帶到本地的城門，本城的長老那裡，對長老說：「我們這裡子頑梗悖逆，不聽從我們的話，是貪食好酒的人」。本城的眾人就要用石頭將他打死。我建議那些低劣的貪吃者和酗酒者都讀一讀這一章，我們應反對那些沉溺於這種惡劣的和骯髒的貪吃和酗酒行為的人，並且應極力反對，因為通常人們並不認為這是一種罪行，也不應受到責備。相反，有很多人因為對吃喝方面有很好的品味而感到自豪，他們完全不會因為有這樣的想法而感到羞恥，反而引以為豪。聖．格雷戈里，基督教教父之一，說過：「酒肉的數量和品質是不應受到譴責的，應該譴責的是對酒肉的痴迷。」也就是說，絕對超越自然需要的放縱，這樣對酒肉的渴望應受到譴責，為了獲得餐桌上的享受而忽略了自己的責任，是應該受到譴責的。

這種對飲食的嗜好稱之為「好吃好喝」，如果成年人有這樣的惡習，會對年輕人產生極為有害的影響，如果年輕人染上了這種惡習，那麼他就毀了。警告大家不要欺詐、搶劫和實施暴力，不是我的職權，那是制訂和執行法律的人的職責。我不是在警告大家不要去做那些會被監禁或絞死的行為，也不是警告大家不要去做那些會被所有人譴責的違反道德的事，我只是在勸告大家不要放縱自己。放縱，大部分人認為不僅是無害的，甚至認為是值得去做的事；但是，據我自己一生的觀察告訴我，放縱對人的幸福是毀滅性的，我們甚至應該從孩提時期就小心謹慎，切勿染上放縱的惡習。

最重要的是，對飲食的放縱，是非常昂貴的。吃喝的材料很貴，準備和加工也一樣昂貴。為了滿足一個人的胃口，需要一兩個人每天不停地忙碌，是多麼荒謬啊！燃料、廚具和廚房，天啊！所有這些只是為了滿足四五個人的味蕾需要，而有些人連生活費都付不起！此外，對飲食的放縱還會浪費大量的時間：我是指大量花在滿足味蕾需要的時間。那些本應該工作的人，除去睡覺時間，每天清醒十四個小時中就有三個多小時是坐在飯桌前，飽食一日三餐，這是多麼可怕的一件事！一個年輕人，養成這種放縱飲食的習慣，是不會受到任何一個僱主歡迎的。這樣的年輕人，無論什麼都不能阻止他對飲食的享受。吃喝就是他生活中最重要的事。如果他的工作不能讓他很好地吃喝，那麼工作就必須讓道。幾年前，一個年輕人向我求職，要求在特別場合給我當文書，他看上去很有能力。一切談妥後，我讓他坐下，開始給他分配工作。但是，他卻望著窗外，盯著外面教堂上的鐘錶，突然說道：

「我現在不能待在這裡了，我必須要去吃飯！」「噢！」我說：「你必須要去吃飯了，是嗎！那麼讓你期待了一天的美食為你服務吧，你與我永遠不是同一類人！」他對我說，他十分貧困，急需一份工作，然而，當救助就在他眼前時，在我還沒來得及想他放棄這份工作是否合適時，為了那三四個小時的吃喝，他已經放棄了這份工作。這樣的人，除了特定時期之外，就不應該讓他離開家，他每天有三個小時是必須在廚房裡的，這應是雷打不動的，如果超過四五個小時他沒在廚房，那麼就是在虐待他了。簡而言之，飲食過量的年輕人一文不值，不配得到任何工作。

人們常常會嘲笑不會喝酒的人，但是在我看來，他們才是最受歡迎的客人，這絕不是因為主人小氣。事實是，這樣的人不會引起任何麻煩，他們的到來不會給主人帶來焦慮，他們肯定也不會在桌前常坐不起而給主人帶來不便，這對大家都是一件好事，他們給其他人做了榜樣，凡事應適度。相反，那些臭名昭著的、喜歡尋歡作樂的人，如果沒有經過深思熟慮，千萬不要邀請，因為招待一個這樣的人不是一件容易的事。人們並不會自願去承擔這樣的工作，通常那些有名的「好吃好喝」者，應讓他們花自己的錢去自娛自樂。

從另一個角度而言，健康，是我們最珍貴的財富，沒有健康，什麼都是空談。

為了保持健康，我們不僅要避免過度飲食，同時也不能缺少飲食，只要我們養成良好的飲食習慣。世界上的每一個年輕人每個星期至少應讀一遍這些告誡：「適量地吃一些擺在你面前的飲食，切勿狼吞虎嚥，否則你會成為被上帝憎惡的人。當你和許多人一起進食時，切勿成為第一個伸手去取食物的人。對於一個有良好教養的人，一點點食物就很充足了！健康的睡眠有助於節制食慾。這樣的人早晨起床後就會感到非常舒適自在。不要過度食用肉製品，因為過度食肉會引起疾病，易怒型疾病就是由暴食引起的。飲食過度已導致許多人死亡，而適當的節食可以延長生命。你也不要過度飲酒，因為酒精也毀滅了很多人的生命。適量地喝點兒小酒可以怡情，但是過度飲酒，會給你帶來痛苦、責罵和爭吵。」這些描述是多麼真實啊！這些話應該牢牢地留在我們的記憶中！然而，在我們的生活中，沒有按照這些訓令去做的人，付出了多少代價啊！天啊！你們這些有天賦的惡棍們，什麼樣的懲罰對你們才算夠啊，什麼樣的聲名狼藉才能給你們啟示啊。你們的天賦也只有在酒神狂歡歌曲中才派得上用場，而這首歌卻以美好而充滿魅力的文字讚揚了人類墮落黑名單中的最可憎和最具毀滅性的惡習！

我請求你多看幾遍我引用的文章，記住裡面的每一個字。這裡的每一個字在我的人生中都由我親自進行了證實！對我來說一點點食物和飲料就足夠了！我的睡眠是多麼得健康！我起得是多麼早，我是多麼得安逸舒適啊！要不是我讓我的同胞們也獲得了這些知識，我也不會有現在這樣愜意的生活。因此，我已習慣用這些知識來進行交流。一個人請客吃飯，這不是一件平常小事，對於一些敏感的人來說，除了吃吃喝喝一定還另有所圖。但總的來說，在我們的日常生活中，有些人本來已經有充足健康的食物，卻因為吃喝而失去了幸福，是可憎的。還有些年輕人，為了弄到一頓非同尋常的美食而犧牲金錢和時間，這樣的年輕人是可憎的。有什麼樣的人會像我為了年輕人的成長而這樣苦口婆心？什麼樣的人有我做得多呢？在這本書中，我用了大部分筆墨來談論我所漠視的美食。我曾經由於對一名佩戴刺刀的德國士兵鞭打了一名英國人，而表達了我的憤慨，被關進紐蓋特監獄整整兩年，還要為國王上交一千英鎊的罰金。整整一年，我每天只吃一塊羊骨頭。當時我的家人都在農村，我與一個孩子（一個小男孩）和一個職員在城裡，在幾個星期內除了羊腿外別無其他可吃。第一天，煮羊腿或烤羊腿；第二天，涼拌羊腿；第三天，羊腿塊；然後又是煮羊腿，以此類推。當我是一個人的時候，或差不多是一個人的時候，我通常是這樣做的：每天都吃同樣的東西，或如上述那樣交替，每天都在同一時間吃飯，這樣就可以避免再去談論這件事。我肯定，在我的一生中，我每天在餐桌前吃飯的時間，平均下來不超過三十五分鐘，這包括一天中的每頓餐。我也喜歡美味乾淨的食物，但是只要健康乾淨就可以了。

人們過於沉溺於吃、喝、穿了，其次就是娛樂。著名的阿爾弗雷德的生活記錄顯示，一天二十四小時中，他有八個小時是用於工作，八個小時用於休息，另外八個小時是用於娛樂的。當然，他是國王，在那八個小時娛樂時間裡，他也可以思考政事。但是，可以肯定的是，應該要有娛樂時間，我不知道八個小時是不是太長了，但是，經過我的觀察，娛樂時間也應該適當，還要注意娛樂的形式。首先，娛樂本身和傾嚮應該是健康的、對身體無害的。運動場是所有娛樂活動的最佳場所，因為運動對身體是有益的，而且運動是在白天進行，另外運動可以幫人們養成早起的習慣。越和運動相近的娛樂形式越好。城市生活，讓很多人都感到壓抑，也在很大程度上減少了人們追逐上述娛樂形式的可能性。城市裡生活的年輕人，總的來說，也是被迫在書本或劇院之間徘徊。跳舞是合理健康的娛樂：能使人保持活力，也是年輕人最基本的娛樂方式。這種娛樂活動可以多個人一起參加，舞蹈者彼此都能感到滿足和快樂。

至於賭博，無論活動本身還是其傾向，一直都是違法的。它是以貪婪為基礎的，總讓人有一種想從別人那裡得到些什麼的欲望，而你想得到的與你所給予或將要給予的是完全不對等的。沒有哪個賭徒是快樂的，幾乎沒有幾個賭徒能逃脫悲慘的命運。我認為，即使沒有什麼目的的賭博也是賭博，這種賭博也會發展成為有目的的賭博。最主要的是，賭博會浪費大量的時間，這也是最糟糕的一個方面。我的房子已經有近四十年了，我養活了一家人，我和我的朋友以及很多人一起娛樂，但是，在我的家裡，從來沒有人玩過撲克牌、骰子、棋盤或任何和賭博有關的東西。年輕人以這種方式花費時間無異於自殺。這些寶貴的時間應該要麼花在讀書上要麼花在寫作中，或者哪怕是用來休息，為下一個黎明做好準備。

我見過很多聰明人僅僅是因為嗜賭成性而失去了升職機會。男人沒有運氣，沒有錢財，在這樣的生活情況下，不能讓賭博毀了自己。賭博一直被認為是一種極為惡劣的行為。我敢說，在我的一生中，從來沒有見過哪個嗜賭成性的人，是信心十足的。賭博這種惡習是慢慢染上的，最後使人變得不能自拔，繼而吞噬著我們內心的良知和善良。

俗語說：「物以類聚，人以群分。」我告訴你，的確是這樣的，因為所有的人都在尋找與自己有相似思想和行為的朋友，冷靜的人不會與酒鬼為伍，節儉的人也不會與揮霍者為伴，井井有條和正派體面的人會避開那些嘈雜無序、放蕩墮落的人。

年輕人自然希望能找一些同齡人為伴，但是在選擇夥伴的時候一定要謹慎小心。把以下這些話記下來，照此去做，因為如果你滿嘴髒話或生活不檢點，沒有哪個年輕人或成年人會真正稱你為朋友。滿嘴髒話或生活不檢點的生活態度既是品味的墮落，更是心靈的墮落，毫無原則，更無真誠。我一生都在對年輕人講，只要沾染上這些惡習，無論有什麼樣的優勢，家財萬貫也好，才高八鬥也好，都絕不可能有成功的可能。對孩子過於溺愛的父母，也聽不進這樣的建議。雖然你現在還很年輕，也非常幸運，但是上天對你的懲罰遲早會來的，而且一定會來。一個放蕩風流的年輕人最終會成為一個狼狽不堪、命運悲慘的人。年輕時在這種不正當的自我放縱中度過，這樣的人就不會有好的未來。如果他心中還有些許正義，那麼當他的孩子也沉溺於他曾經有過的惡習中時，他又該如何去責備他的孩子呢？

做一個穩重而且值得信賴的孩子是多麼讓人驕傲？他年輕有為，在父母和老闆的眼裡，真誠可靠；而「酸黃瓜」們，這是那些可憐的溺愛孩子們的父母對頑劣孩子的稱呼，比無用更可怕，因為必須得有人看著他們，以防他們做出傷天害理之事。如果你可以選擇，盡可能去選擇那些與你的身分地位相近的人做朋友，但是不要選擇你明知道是身分低下的人，因為，一個思想從小就卑躬屈膝的人，很容易學會奴性，即使他長大成人了，也很難改變。你既不笨拙也不愚鈍，該順從的時候順從，向有權要求你向他順從的人表達含蓄自願的順從，這不是卑劣的行為，也不是沒有骨氣的表現。

至此，我已經向你簡單地闡述了我們應該避免的事，現在就讓我來談談你應該做的事吧。首先，節約時間。你所獲得的尊重，真實和真誠的尊重完全來自你能做什麼。如果你很富有，你也許能買到所謂的尊重，但那一文不值。要想獲得值得擁有的尊重，你必須，據我所觀察的，做得要比與你同階層的普通人更多更好。要想做到這些，就要合理地管理你的時間。要想合理地管理你的時間，你就必須要把握住每一個白天，還有某些夜晚的時間，同時還要持之以恆地履行自己應盡的義務。如果人們養成熬夜的習慣，純粹就是為了閒聊，那麼要想改變就很難。如果不早睡，自然做不到早起。

年輕人的睡眠時間應該比成年人的睡眠時間長一些，至少需要幾個小時，平均下來，不應少於八個小時。如果是冬天，時間應該再長一些，這樣會比較好，因為在床上睡一個小時，總要比在壁爐和蠟燭前閒聊一個小時要好得多。人們總是坐在一起閒聊一直聊到無事可聊。農村人說，午夜前一個小時的睡眠比午夜後的兩個小時還要有效，我認為這句話就是金玉良言。但是，如果起床後不能很好地利用時間，那麼早睡早起也沒什麼作用。總的來說，人們會在半夢半醒中虛度掉半個早晨。雖然起床了，但是實際上，還在睡眠狀態。那些最先發明晨衣拖鞋的人，是那些幾乎沒什麼別的事可做的人。這樣的生活非常適合那些有人為他賺取財富的人，非常適合那些無事可做的人和那些活著只是為了吃喝的人。但是對於那些需要為生計而奔波的人，和那些希望用自己的勞動來贏得尊敬的人來說，晨衣拖鞋就毫無意義了。總之，不管是為了自己還是工作，每天應當一次性穿戴整齊，並且盡可能快速完成。

如果一個人被迫在我們生活中每天都要料理一件事，那麼這一定是一件非常重要的事。如果我們一年或一個月才刮一次鬍子，那麼這就是一件不值得一提的事；

但事實是，這是每天都必須要做的事，可能每次只需五分鐘左右的時間，但是可能我們也會花費三十甚至五十分鐘。而每個白天只有五十八個十五分鐘，這是事實，也是真正重要的一點。我曾聽約翰．辛克萊爵士問科克蘭．約翰斯通先生，他是否會教他的孩子（當時是個小男孩）學拉丁語。「不，不會。」約翰斯通先生說：「但是我會讓他去學習許多對他有益的東西。」「什麼是有益的東西？」約翰？辛克萊爵士問。「嗯，」科克蘭．約翰斯通先生說：「我會教他不要用杯子，而只用涼水來刮鬍子！」我敢說，他的確這樣做了，我也相信，他的兒子也一定會因此而感激他。想一想我們平時刮鬍子的方法，是多麼得不方便啊！首先，需要熱水，要獲得熱水，就要準備一個火爐，有時，火爐只是為了用來燒熱水。如果這些都沒準備好，那麼刮鬍子的事就要再推後一個小時；這樣就使得你不得不把衣服脫掉，之後再進行另一輪的穿衣過程，或者那一整天你都會處於懶散狀態，第二天還要再重複這件事，否則，你就不要顧及清潔。如果你是出行在外，那麼早晨時分，你必須等到旅館裡的僕人們有時間的時候，才能穿衣服出門。這樣，你離開旅館前，旅行的最佳時間已經錯過了。這樣，你就不能迅速地完成一天的行程，你就必須在黑夜趕路，你就必須忍受因為返回的時間太晚而帶來的諸多不便。而所有這些，顯然是由微不足道的刮鬍子引起的！有多少重要的業務就是因為短暫的延時而沒有成功！而每天這不值一提的小事又不知引起了多少件這樣的拖延啊！「時刻準備著」是一位著名的法國將軍的座右銘，我希望這也能成為你的座右銘，「時刻準備著」，在你的一生中，永遠不要說「我要刮好鬍子，穿好衣服才能出發」。無論你的生活情況如何，一次性把這些事都做好，這樣你的一天才是完整的。從年輕時開始做起，這樣會使你在你的同齡人中占有優勢，並受到他人的尊重，這種尊重也會伴隨你終身。如果沒有刮好鬍子，穿好衣服，那麼你一天的工作都不能有條不紊地進行；你就必須停下手中的工作，去處理穿衣之事，因此，又不得不把工作推延。時間，多麼寶貴的時間，都花在閒蕩中了，而等你準備好了去工作時，一天中最好的時間已經不復存在了。

這只是生活瑣事，是非常微不足道的，是的，是這樣的，但又是生活中的關鍵。就我而言，我可以說，我的成功應該更多地歸功於我嚴格堅持了我所告訴大家的這些戒律，而不是我所擁有的天賦。不論我的天賦如何，不論我如何冷靜和節制，相比而言，這些在我的人生中造成的作用很小。要是我沒有在年輕時養成良好的管理時間的習慣，我可能一無所獲。這一點，要比任何能力都重要，這一點，我要歸功於我在部隊中的磨煉。我隨時都準備著。如果我要在十點上崗執勤，那麼我在九點的時候就已經準備好了。我不會讓任何人，任何一件事，因我而耽誤一分鐘。在我不到二十歲的時候，我一下就從一個下士被提升為陸戰隊士官長，成為三十個陸戰隊士官的長官。我自然應該成為大家嫉妒的對象，但是，早起的習慣和嚴格遵守我告訴大家的戒律，排除了大家的這種情緒，因為每個人都感到我所做到的是他從沒做到過的，也是絕對做不到的。在我升職之前，部隊要求一個職員來整理軍團的晨報，我提出，這樣沒有必要。因為在其他人為列隊整容整裝之前，我的工作就已經做完了。我自己，在美好的天氣中，一個人已經在列隊行進了一個小時左右。我的習慣是，夏天天亮就起床，冬天四點左右起床，剃鬚、穿衣，把劍帶安到肩上，把劍擺好放在我面前的桌子上，隨時準備掛到我的身上。然後我去吃一些奶酪、豬肉或麵包。然後，我就開始準備我的報告，裡面詳細敘述了同伴們帶給我的材料。此後，我會在出門執勤前的一兩個小時讀書，除非軍團或小隊要進行晨練。這樣，寫報告的事就交給我了。當刺刀在初升的太陽下閃閃發光的時候，我就已經準備好了，這種美景給我帶來的喜悅，是我無法用語言能表達的。以前只要軍官不在，八點或十點的時候，士兵們在太陽下流了一天汗，在準備做飯的間隙，他們會把所有的東西弄得亂七八糟，每個人都不高興。當我成為司令官的時候，士兵們每天會有很長的休閒時間，他們可以去城裡或樹林裡閒逛，去摘樹莓、捉鳥、捕魚或進行一些其他娛樂活動。那些有資格的，還可以從事他們的交易。因此在這裡，就因為一個非常年輕的人早起的習慣，給幾百個人帶來了愉快的日子。

金錢就是力量，在有的情況下，的確是這樣的。同樣，知識也是力量，然而理性、節儉和活力也是力量的源泉。因為，如果沒有這些品質，知識也就沒什麼用途，而由金錢產生的力量，是一種殘暴的力量，是棍棒和刺刀下的力量，是受賄的媒體、文字和筆。理性、節儉和活力，再加上適量的知識，就能獲得尊重，因為這些品質的影響力很大也很明顯。而那些酗酒的、懶惰的和呆滯的人在理性和活潑的人面前是應該感到羞愧的。此外，所有這些品質，都可以使擁有這些品質的人發揮最大、最直接、最明顯的作用。人人都有自身利益，所以重要的不是誰知道該做什麼，而是誰最有可能做好。我們經常會羨慕那些懶散的人，甚至羨慕那些放蕩的人，但是，就我們個人的利益而言，我們卻不信任他們。因此，如果你在你的生活圈子裡獲得了尊重並有一定的影響，那麼請你在你生活的範圍中，比一般的人更加理性、更加勤儉、更加充滿活力。

關於教育，雖然這一個詞現在只適用於在學校教授的東西了，但是教育是栽培、培養之意。在法語中，教育是指對豬、羊的培養。在一本有名的關於農村生活的法語書中，有一章，名為「Education du Cochon」，意為對豬的教育。這個單詞在這兩種語言中的意思是一樣的，因為都來自拉丁語。在這兩種語言中，教育都不是指在學校或透過書本所進行的「學習」，因為學習指的是學習知識，而實際上，只有相對很小一部分有用的知識來自書本。我們不能僅僅因為一個人不會用筆在紙上寫寫畫畫，就稱之為愚昧，也不能因為他們不知道別人寫的是什麼而稱之為無知。一個農夫，儘管他可能不知道寫在紙上的「耕地」兩個字是什麼意思，但是在他的領域裡他可能是很有學識的。最重要的是，一個人要精通他自己的職業或專業。不論你生活在哪個階層，專業知識都是你首要的也是最值得重視的知識。一個人新建的房屋不幸倒塌，如果有人告訴他，他的建築師是一個偉大的天文學家，這比我們這個貧困的民族被告知，這個民族之所以貧困是因為我們擁有這個世界上最多的、最偉大的演說家和英雄好不到哪裡去。

當然，我們也絕不能忽視書本上的知識，這些知識來源於社會各階層的人的探索，是值得學習的。這些探索，我們可以稱之為專業，在某些交易中也是很有必要的。但是，一件危險的事你應該小心提防，那些認為你很有天賦，或者你很有文學成就的看法，會讓你忽視你所賴以生存的工作。父母擁有不同尋常的堅實的情感來平衡他們自然的感情，這足以使他們具備評判這種情況的能力，有的朋友也可以，但是你的敵人卻不能。因此，經營一家商鋪，如果你已經具備了商業的或機械的或相關專業的知識，如果你願意，可以嘗試文學方面的才能，但是要以你的商鋪為主。布洛姆菲爾德寫了一首詩，題為〈農民的兒子〉，表達了對不可靠的繆斯教育的不信任，他那不幸的、受人鄙視的家庭很有可能，沒有從任何慈善團體中乞求過救濟。我記得這個忠誠的鞋匠，因為他的一些優秀之處，而被人吹捧得天花亂墜，並得到了盛情款待。我請求你，不要有這樣的希望，如果你發現這種思想在你心裡悄悄萌發，為了你的自立和你平靜的生活，請把它當作你致命的敵人驅除乾淨。

有了這種預防心理，書本學問不僅是正確的，而且是值得高度讚揚的，有些知識在我們的職業中絕對是有必要的。這些知識就是有目的的閱讀、樸實整潔的書寫和數學知識。前兩項是小孩子都能做得到的，而最後一項知識卻不是那麼容易獲得，但又是必不可少的。在你進行學習之前，甚至是學習自己母語的語法之前都應該擁有全面的數學知識。數字很快就可以學會，這不需要太多天賦，也不需要太多死記硬背，更不需要太多苦思冥想，卻是對我們的日常生活非常實用的東西。因此，從某種程度上說，這是絕對必要並且必不可少的知識。不是每個人都需要成為一個測量師或精算師，因此你只要學到你的職業所需要的數學知識就夠了。在沒有任何老師的幫助下，你就可以自己利用這種科學，在六個月內，這是那些把時間浪費在喝茶或其他飲料上的同齡人一半的時間，獨立維持生計了！如果你喜歡這種數學科學，那麼你可能要花點兒時間在上面了。如果你學到的已經超出你的工作或職業所需，就把時間用來學點別的什麼吧。

我下面要談的是語法。如果不理解語法，你永遠也不要期望適應任何超越純粹商業或農業的領域。是的，我們確實經常看到許多家財萬貫、位高權重，但是連只有幾行字的一段文字都寫不出來。你不要有這樣的非分之想，請活出自己的價值。沒有語法知識，你就無法正確地書寫，即使你能正確地進行口頭表達也純屬偶然。請記住，一個博學的人會根據一個人的書寫和語言表達來判斷一個人的思想。要獲得這方面知識就要付出努力，實際上，方法並不像數學那樣瑣碎，這是一門包含幾個不同分支的學科，有些可能被忽略了。語法是一個整體，應該進行全面的學習，否則等於一無所學。這門學科是深奧難懂的，需要思考與耐心，但是，一旦學會了，就可以終生受用。而且，不論程度大小，這都是我們每天快樂和收穫的源泉。我們應該付出些什麼呢？這不需要對我們肉體上進行磨礪，也不會受冷、挨餓或經受其他磨難。這種學習，既不會耽誤你的工作時間，也不會耽誤你的運動時間，只需要你花在喝咖啡或喝茶閒聊上的時間，只需要一年可能會被你浪費掉的時間，把這些時間用在學習英語語法上面，就會使你成為一個表達、書寫得體的人。你不需要去學校，不需要專門的房間，也不需要任何花費或特殊環境之類的。學習語法時，我還是一個列兵，每天還賺著六便士的薪資。我的床邊，或我執勤的床邊，就是我學習的地方。我的背包就是我的書櫃，一塊木板，放在我的腿上，就是我的寫字桌。整個學習花了我不到一年的時間。我沒有錢購買蠟燭或煤油，在冬季，晚上我只能借助微弱的火光學習，那也只有在輪到我靠近的時候。無論多窮，無論工作壓力有多大，無論環境多苦，沒有房間和設施，又沒有父母和朋友的忠告與鼓勵，在這樣的條件下我都完成了這項任務，年輕人，你們還能找什麼藉口不學呢？雖然吃不飽，我依然省吃儉用去買紙和筆。雖然我連一點自己可以支配的時間都沒有，但是我依然可以在不受約束的幾個小時裡，在至少有十個沒有思想的人的談話聲、大笑聲、唱歌聲、口哨聲和爭吵聲中講習和寫作。別小看我用來買墨水、筆和紙的那點小錢！那點小錢，對我來說，可是一大筆開銷啊！當時我也就現在這麼高，身體健康，熱愛運動。當時我們全部的錢，每人每星期只有兩便士，根本不夠花。我記得很清楚，有一次，那是在星期五，在我買完所有的必需品之後，我依然想辦法存下了半便士，本打算第二天早上用來買點紅鯡魚的，但是，到了晚上，我脫掉衣服後，那時我已是飢餓難耐，卻又發現我那半便士不翼而飛了！我用被子和毯子把自己的頭矇住，像個孩子一樣痛苦地大哭起來！所以，我又要問，在這樣的情況下，我都能克服困難學習語法，這個世界上的年輕人，還能找出什麼理由不學呢？年輕人，不管你是誰，當你讀到這裡的時候，還好意思說自己找不到時間或機會來學習這學問中最基本的東西嗎？

我之所以特別強調這一點，是因為語法知識是所有文學的基礎，還因為，沒有這種知識，人們說話與寫作的場合只能展示他們寫作與表達的弱點。有多少人現在都虛偽地假裝自己多麼得博學，而我在他們面前顯示我的語法知識我都會感到羞愧！我不知揭穿了多少傲慢和無知的有權勢的人，並讓他們知道自己的卑劣。有了這種知識，我可以輕鬆地將多少重要的內容、訊息和指導傳達給現在幾百萬活著的人們，同時也為幾百萬個還未出生的人提供了多麼寶貴的儲備啊！要獲得這一偉大的知識，首先，需要聚精會神地將語法書從頭到尾地多讀幾遍，然後，再準確無誤地、整整齊齊地抄一遍，最後再一章一章地仔細學習。要做到這些要花多少時間呢？首先，再也不要花三個小時的時間來喝茶閒聊了！我的英語語法書有三百多頁！每天堅持看四頁，這只是很小的一件事，堅持三個月。一天兩個小時就足夠了。據我所知，在任何一個城市裡或任何一個鄉村裡，這件事都是在早晨大部分人都還在睡夢中時完成的。我不喜歡挑燈夜戰的學習方式，這不僅因為晚上的光線比早晨的光線更傷害眼睛，還因為早晨人的機能正處於旺盛時期，也不會感到疲憊。但是，也因為如此，有太多白天的光陰，人們都浪費在閒聊和閒逛中了，或花在其他毫無意義的禮節禮貌上了，而這些最終只能給你帶來痛苦。為了讓自己更文明、更禮貌，這是所有人都會做的事，尤其是年輕人，但是無論是年輕人還是年長者都不可能在他們的臉上永遠保持微笑，他們的身體不可能永遠都保持鞠躬的姿勢。在我所見過的年輕人中，如果他們能把花在假裝文雅上的時間的十分之一花在學習語法上，他們就會打下終身被人真誠尊重的基礎！

「持之以恆」是做任何事情的重要品質，特別是在學習語法的過程中。年輕人，一生都應該保持這一良好的習慣。缺乏持之以恆的精神比缺少天賦或好的品質，更容易導致一個人的失敗。正如龜兔賽跑的故事，是烏龜而不是兔子贏得了比賽一樣，成功不是屬於那些急於求成的人，而是屬於那些穩定踏實的人。之所以優秀的學生如此匱乏，不是因為他們沒有品味、缺乏理想或是特質，主要是因為他們缺少耐心和持之以恆的精神。語法是知識的一個分支，就像其他高品質的事物一樣，獲得語法知識也是很不容易的，學習是枯燥的，這一課程又很複雜。學習語法需要的不是激情。如果不把最終掌握作為目標，在短時間裡，如果你沒有看到豐碩的回報，就會開始變得心不在焉，接著就是疲倦、厭惡，最終絕望地合上書。為了避免這樣的結果，切不可急於求成，而應循序漸進。當你感到疲倦時，振作起來，記住，如果你放棄了，那麼所有你已學的都會成為徒勞。這是關係重大的一個問題。因為十個學習語法的人中，就有九個是在絕望中半途而廢的，而這僅僅是因為沒有克服最初的疲倦。最有效的避免這種結果的方法是，每天規定固定的寫作和閱讀量，星期天除外。我們的大腦並不是永遠都在同一種狀態，並不是時刻都充滿活力。今天，可能我們會因為一件事而充滿希望，而明天我們可能會因為同一件事而感到絕望。每個人的思想都有這樣的起起伏伏，但是，只要你充滿理性，就可以克服最初階段的疲倦，而且在不需要什麼刺激之下，機械性地繼續下去，也會很快恢復最初的活力。如果你沒有因為種種誘惑而放棄自己的追求，就祝賀一下自己吧，這樣就會精力充沛地學下去。戰勝誘惑、懶惰和絕望而取得五六次這樣的勝利，就離成功不遠了，另外，最重要的是，你已養成持之以恆的習慣了。

如果允許我就這個話題展開我個人的看法，從我的經驗和觀察來看，語法比書本知識中所有分支都加在一起更重要。當你全面地掌握了所有的語法知識，你就會真正地優於絕大部分人。在我真正被稱為作家之前，我不知道多少次感受過這種優越性！當我還是陸戰隊士官的時候，我所聽命的副官，就像大部分的部隊軍官一樣，幾乎是一個十足的文盲，他感覺我所寫的句子的形式和風格就和書中印刷的一樣，所以根本不好意思把他寫的東西拿給我看。因此，有關命令的書寫，還有其他訊息的書寫都交給了我，雖然沒有給我額外地增加收入，也沒有賦予我名義上的權力，但是我還是有效地獲得了後者，就好像是經過法律透過後授予我的一樣。總之，我所擁有的知識，是許多人都做不到的事情。因為很少有人能夠擁有這方面的知識，這使得我在這個最受關注的國家中，也有一定的影響力。語法知識可以增強你的自尊心，提高你的自信心。

我希望我已經說服你下定決心去學習語法知識，關於學習的話題就此告一段落，我希望年輕人都好好學習數學和語法知識。學習這些知識不能占用你所有的業餘時間，因為還有其他知識需要你去學習。如果你的職業或工作要求書本知識，那麼有關這些專業的學習就應該先於其他。因為，生活中的第一個目標，就是要透過誠實的方法來獲得食物、衣服和符合你身分地位的基本裝備，無論你是什麼身分，只要能使你在你的工作中表現突出，那麼這就是你的首要目標。有了這些之後，你還需要的就是基本知識，你應該全面掌握有關你自己國家的知識。

地理學自然也與語法息息相關。在你準備出國冒險前，應該了解而且應該充分了解那個國家的地理情況。一般來說，對其他國家的行政劃分和風土人情有一些了解其實就足夠了，但是如果有的人對與自己國家相關的地理知識也是一知半解，還假裝自己博學或彬彬有禮，這樣的人就太無知了。當然，每個人為了讓自己顯得很博學，都應該了解這些事物的由來，越早掌握越好，因為只有你掌握了這些知識，你才不會毫無目的地去了解自己國家的歷史。實際上，這些知識的交流是歷史中很重要的一部分。

第二封信　給青年人的忠告

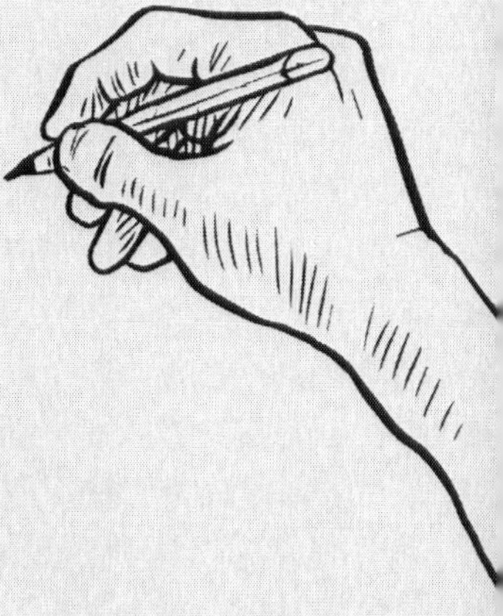

第二封信　給青年人的忠告

上一封信中，針對青少年，我提出了一些建議。在寫這封信時，我相信你已經步入了人生的青年階段，並按信中提到的訓令戒律為人處世。我相信你一定是一個沉著冷靜、飽食有度、勤儉節約、博學多識的年輕人。在接下來寫給戀人、為丈夫者、為父親者的信中，我將闡述你的責任和為他人所依賴的責任。因此，在這封信中，我著重討論一個年輕人應該如何管理他的財富或金錢。

無論你生活在什麼階層，如果沒有時間合理地管理自己的財產，那是十分可悲的。因不擅長管理自己的財產而導致破產的事例，屢有發生，數以萬計。缺乏管理金錢的能力，會導致你的生活貧窮不堪甚至窮困潦倒。事實證明，缺乏管理財富的能力，會阻礙發展，也會妨礙個人才能的發揮。一個人，如果身受貧窮的困擾和窘迫，還認為自己適合從事高級的工作，那麼他一定是一個奇蹟。更不要說，他會由於貧困，而做出經不住誘惑、背棄原則、無視良言忠告的事情。

貧困並不一定是真正的貧窮，貧困是相對而言的。伯克認為，一個勞動者，透過自己的勞動，能夠養家餬口，能夠滿足自己的基本需求，能夠保證充分的衣、食、住、行，這樣的人不能稱之為窮人。的確，與貴族相比，他確實十分貧困，他雖然稱不上富有，但是他本身卻並不貧窮。因此，我認為貧困源自人們的思想，源自於人的惰性和奴性。我必須要說明的是，與此同時，不幸也會隨著他們自己的錯誤思想而產生，會隨著他們那些虛幻的欲望而產生，會隨著他們沉溺於那些無謂的享樂而產生，也會隨著他們的貧困而產生。但是，如果他們能稍稍收斂一下自己的享樂，也就不至於貧困了。

在談論其他生活領域之前，我先談談文學領域。也許是命運安排，你也許是一個依靠自己的文學天賦來謀生的人。我認為，一個真正有文學天賦的人，卻要被迫壓制自己的才華，屈從於那些他明知遠不如自己的人，屈從於那些他在靈魂深處都鄙視的人，這是凡人中最大的不幸。已故威廉．吉福德先生，是德文郡阿什伯頓一個鞋匠的兒子，在一位慷慨善良，名叫庫克森的牧師的資助下，讀了書並上了大學。吉福德曾是《默里季評》的主編，前不久，剛剛去世。吉福德先生，據我所知，曾是一位真正的天才，他在靈魂深處憎惡金錢和議席買賣制度，鄙視那些執行這些制度的人。

但是他也有其虛幻的欲望，他是與有錢人和奢侈者一起長大的，他已經養成了奢侈放縱的習慣。大約在一七九八年，他面臨了一場抉擇，一邊是燻肉、羊排和一星期十先令的房間，另一邊是現成的美味、紅酒、豪宅和僕人，最後他選擇了後者。於是，他奴顏婢膝地成了《甘寧反雅各賓派報》的主編。他的智慧和學識超過了報社其他作家的智慧和學識之和，但是他卻淪為了一個可憐的工具，那些他曾經所譴責和鄙視的體系，現在只要有人對此懷有敵意，他就會對之進行抨擊。

不過，以這種方式，他獲得了美食、紅酒、僕人和車伕。他在《外國文摘》中掛職當一個職員，每年可得三百二十九英鎊，在樂透中心當幹事的薪資是當職員的兩倍，可得六百英鎊或七百英鎊以上。後來的幾年裡，他終日駕著駿馬豪車，過著揮金如土的生活，死後被葬在威斯敏斯特大教堂，他的朋友和以前與他一起撰文維護小威廉．皮特的兄弟是這裡的院長，再也沒有聽說過其他關於他的消息了！吉福德先生，如果在一七九八年選擇的是燻肉和羊排，那麼他應該會過得很幸福，身體應該會很健康，應該會很長壽，他的名字也應該會流芳百世的。就憑他淵博的學識、過人的天賦、清晰果斷的推理和機敏睿智的才能，他的作品本應是廣受人們歡迎，而且應該會流傳百世的！他的晚年（他終身孤身一人）即使不去做那個閒職，不領養老金，不坐馬車，也一樣能生活得很有品質。然而，自從他委身於《默里季評》那一刻起，就注定了後生悲慘的生活。想想這樣一個人，當他一八一七年號召捍衛《監禁法案》時，經受了什麼樣的屈辱啊！在此，我就不再贅述這其中的細節了，總之，他過的是難以想像的奢華但是卻又非常悲慘的生活。

貧困，除非是真正的缺衣少食，否則更多的是人們虛幻出來的非真實的貧困。自以為貧困的羞恥感，以及怕被別人認為貧困的羞恥感，是我們最大的也是最致命的弱點。在這個國家，對貧窮的羞恥感，是這個時代自身的產物。當談到一個富人就等同於談到一個好人時，毫無疑問，每個人都希望自己看起來比實際還要富有。人們只對富有的人諂媚奉承，而對窮人卻是輕蔑鄙視，人們談及富人時總是帶著順從的口吻，甚至恨不得將其捧上天，只因他們富得流油。如果事實是這樣，難怪人們會因為被別人認為貧窮而感到羞恥。而這，恰恰又是我們生活中最危險的信號：這種思想，不知讓多少人毀在金錢之上。

羞於被別人認為是窮人，不僅本身是一件可恥的事，這對於有才華的人更是致命的傷害。即使從金錢的角度來說，這也是極具傷害性的，這種思想對農民、商人甚至是地產紳士們也是毀滅性的。一方面，這會使人們永無休止地去掩蓋自己貧窮的事實；另一方面，還要追逐可以炫富的大馬車、僕人、紅酒、烈酒、酒瓶、酒杯、各種桌上用品、服飾、駿馬、晚宴、聚會等。不是因為他擁有或是給予這些，就能從中獲得滿足的快感，而是如果不能擁有或不能給予這些，就會讓人懷疑他或她沒有給予或擁有的能力。因此，看看你的周圍，仔細觀察，每年有不計其數的人為了不讓別人認為自己貧窮，而使自己真正地陷入了貧窮。

你會發現，不知有多少善良又勤儉的家庭，就因為有了這種思想而被毀掉！謹記這些教訓，下定決心堅決抵制這種虛偽的羞恥感。如果你已經做到了這一點，那麼你就為你今後擁有平常心奠定了扎實的基礎。成千上萬的家庭，僅僅是為了撐門面、裝闊氣而在殊死奮鬥。農民們的生活環境與商人和上層社會的人相比，相對要簡易得多。他們居住得相對比較獨立，即使改變自己的生活方式，也無人察覺。他們可以不喝什麼紅酒，他們也可以只吃些燻肉，偶爾吃點鹹肉或雞蛋來改善改善生活，整個世界可能對他們的生活都一無所知。但是商人、醫生、律師的生活如果有什麼變化，就不可能悄無聲息，無人覺察。萬惡的紅酒，是他們生活方式的一種標準，對他們而言就像是平面圖中的圖例，歌曲中的基調一樣不可缺少。這恰恰是首先應該摒棄的東西，接著再摒棄其他不需要的東西，這樣，在很短的時間內，人們就能恢復其正常生活。

那些該死的酒鬼們，高聲大叫著僕人侍女，拚命搖著牆上的鈴子，聲音尖銳刺耳。當有人問我，「閣下，紅酒是什麼？」我回答說，在這個國家，紅酒就是一切。它是關鍵的投機者，它是無謂的揮霍浪費。酒對身體是極為有害的，每喝一瓶酒就會喝進一些烈性酒精和毒素，因此，酒鬼們是醫生最好的「朋友」。喝酒這種愚蠢的行為，我敢說，十之八九不是出於自己的選擇，也不是因為自己喜歡，更不是為了開胃，而僅僅是為了純粹的賣弄炫耀或其他目的。

貧窮並不可恥，雖然與惡習、愚蠢和輕率相比，正如《聖經》中所描述的，「不要因為一個人貧窮，而去鄙視窮人」，因此我們也不能因為一個人富有而去讚美富貴。我們應該做的是，根據一個人的行為，公正地評斷他的品質，根據對他品質的正確評斷來尊重他或鄙視他。世界上沒有哪個國家像我們這個國家一樣，有那麼多人選擇自殺這種終結生命的方式。這些自殺，十之八九都是因為害怕貧窮而導致的。通常情況下，這些受害者，都太過瘋狂。但是他們的瘋狂來自對貧窮的恐懼，而不是擔心難以維持生計；這種瘋狂也不是來自害怕不能過上體面的生活，而是來自害怕被別人認為貧窮；這種瘋狂來自害怕其社會地位下降；這種恐懼，在這個國家比在其他任何國家都盛行。看看真相吧，什麼樣的貧窮能奪走一個人的生命啊？他依然是他，一切如故：身體還是原來的身體，大腦還是原來的大腦。如果他能預見自己過上錦衣玉食的生活，又為什麼會害怕貧窮而自殺呢？這就是所有人為之而拚搏的東西嗎？然而，人們的心魔，僅僅源於害怕被別人認為自己是窮人。

我們應該學會管理自己的財富，應該謹慎適度地去使用這些財富，還要盡可能地做到量入為出、量力而行。要做到這一點，最有效的方法就是用現金來購物。聖？保羅說過：「永遠不要欠債。」這毫無疑問是他所提出的眾多戒律中最值得我們關注的一點了。信用被譽為是最公正的一樣東西：信用盡失者，人皆棄之。

我是在四十年前讀的這篇文章，也就是已故彼特先生在議會宣誓不久後，他在宣誓中表達了自己的思想：「只有擁有社會信用的人，他的名字才有資格被刻入紀念碑！」時間告訴我們，社會信用是指一個永遠也償還不清的債。在我有生之年，我希望能看到這位聖潔女神在我的國家發揮作用。這是一位令人痴迷的女神，她對個人產生的影響遠不如對公共事務產生的影響大。在公共事務中，幾乎所有的交易，無論多麼微乎其微，都是以利用社會信用進行的。在倫敦，有一種交易，稱為記帳式交易，無論是家用品、煤、衣服還是其他東西，都是以記帳的形式出售的。賣家記帳，買家再一點一點地還帳。顯而易見，這樣買家的收入只有一個去處，就是用來還債，在他們還沒有將錢拿到手或賺到手，這些錢已是歸他人所有了。賣家，當然也會因此獲得比實際利益更多的利潤。

假如你還沒有貶低身分至此，或者即使你是律師、醫生、牧師或商人，情況也是一樣的。如果你透過賒帳的形式購物，這是極為有害的。因為這樣會使你禁不起誘惑，花高價購買你並沒有真正打算買的東西。由於現在不需要為之而付錢，所以此時的花費看起來似乎微不足道。據觀察，人們很不情願花掉手中的一英鎊，但是卻很願意以賒帳的形式花掉一英鎊。人們潛意識中認為前者的價值要比後者的價值的保持力更長久。前者是可以看得見摸得著的，這就在人們的大腦中形成一種定論，賒帳中的一英鎊是用來捨棄的，而手中的一英鎊卻是用來保存的。這也就是賒帳與現金消費之間最大的不同之處了。無數的東西，如果是用現金，人們是不可能購買的，但是如果是以賒帳的形式購買，人們就會毫不吝嗇。訂購一樣東西要比花現錢去買一樣東西容易得多。然而，你為之付錢的那一天終會到來，這是絕對的，但是人們當時是不會去想這一點的。當錢從帳戶中扣除時，當所買的東西到達的那一刻時，你是否問過自己：「不買這個東西會怎樣？這是必不可少的嗎？」

據我所知，商人們的生意、購買房地產或其他大型交易，不能以這種賒帳的方式進行，但是這只是極少數的例外。即使如此，我們的帳單、債券也沒有因此而減少，買賣雙方的官司也是接連不斷。然而，在我們日常的買賣中，那些肉販子、麵包師、裁縫、鞋匠所從事的交易，還有那些商人在輪船上和交易所進行的交易，哪個敢說沒有賒過帳呢？曾經，有人給我講了一個年輕人的故事，讓我感到很欣慰，當有人讓這個年輕人把自己所買的東西和花的錢都記下來時，他回答說他沒有必要記帳，他肯定地說對他自己的收入、花銷非常清楚，他手中的那個錢袋子非常可靠，因為他從來不會去購買自己買不起的東西。

總的來說，我認為不會有人會否認，同一樣東西，以賒帳的形式購買，算上利息，比用現金購買要多付費用。人們不僅根據不同的支付方式而規定不同的價格，更荒唐的是，人們都在爭相效仿，樂此不疲。他們不僅因為人們沒錢可用而收取費用，而且因為賒欠帶來了潛在的損失和風險，他們還會因此額外收取費用，而這些風險在通常情況下，就是因為他們把自己的貨品賒欠給那些沒錢的不幸之人而造成的。因此，透過賒欠方式購買貨品的人，不僅要為賒欠行為付費，同時還要為因賒欠造成的損失，向商人支付他應支付的費用。商人們把賒帳人的名字記錄在記帳本上，也正因為這個名字的存在，使得商人不能及時地到市場中進行補給。因此，那些用現金購物的顧客自然比他們更受歡迎，也理所當然地享有相對較低的價格。

不計其數的人因為以賒帳的方式購物而一敗塗地。他們不知訂購了多少根本沒用的東西，有的甚至是多餘的東西，有的是自己力所不能及的東西，所有這些，如果是用現金購買，都是可以避免的。因為，如果錢是從他自己的手中花出去的話，都需要實實在在地把錢數出去，因此他會合理地使用這些錢，把這些錢花在該花的地方，所買的東西也是實實在在可以看得見的。

農場主們似乎很少考慮，甚至根本就沒考慮過，他們買啤酒、紅酒、糖、茶、肥皂、蠟燭、香菸和其他東西所上交的稅費，但是為什麼對付給工人的薪資卻精打細算、斤斤計較呢？你會發現，這些農場主們根本沒有意識到自己受到這些東西的影響。原因是，他們能實實在在地看見每個星期六晚上付給工人們的錢，但是他們卻看不見他們為上述物品所付的稅費。他們為什麼強烈地抗議每年交六七百萬英鎊的貧民救濟稅，但是對每年徵收的六七百萬英鎊的其他稅收卻隻字不提呢？消費者支付了一切，因此，他們應該關心所有的稅收，然而農場主們卻只關心救濟稅而不顧其他。其原因是，前者是從他們手中徵收的，他們親眼看著自己手中的錢流進了別人的口袋，因此，他們會千方百計地減少給窮人的救濟稅，想方設法地將這部分費用控制在最低限度。

因此，當人們用現金來購物時，就會盡可能地將花費控制在最低限度，這種方式再加上節儉，就會給他帶來額外的收入。因此，最後，他可以節約出很大一筆可以用的錢，而且他的精神也會一直處於平靜中，避免了賒欠體系中的那些無休止的文件、收據、帳單、爭吵、法律訴訟等。我絕不是教你吝嗇，更不是教你囤積錢財，因為用現金去購物，真的可以使你節約更多的錢，這樣你可買到數量更多、種類更豐富的東西。假如你想要一匹馬，只要你在平時的購物中採用謹慎的、專業的現金購物方式，我可以肯定地說，你所節約下來的錢，足夠你買兩匹馬。在城市，用現金購物，可以加快你逛街的步伐，因為當你看到櫥窗中的種種誘惑時，當你用手拍到口袋裡的錢時，你的大腦中就會立刻閃現一個問題：「我真的需要嗎？」因為，只要你的手碰到你口袋裡的錢，就會帶出這個問題來。

希望被別人認為是富人的思想，或準確地說，是不希望被別人認為是窮人的思想，還會導致另一種嚴重的也是極具毀滅性的罪惡，這種罪惡現在被冠上了一個動聽的名字，叫「投機」，而實際上，這就是「賭博」。投機，就是購買一些你的家中或普通交易中不需要的東西；再次賣掉這些東西後，可以獲得很高的利潤，同時，這樣的買賣，又存在著極大的風險。如果用現金來購買這類東西，人們應該還能保持理性，也就不會有太大風險，但是如果用借的錢來買這些東西，那就是確確實實的賭博。在這個國家，這就是毀滅、痛苦和自殺的根源。我認為投機是人們可以用虛構的方式輕而易舉地購買到需要的東西導致的，這種投機是由我們的體系所創造出來的，毒害著我們的生活。但是，我在此不是請求你不要從事這種賭博行為，我是請求你，如果你已經從事了這種賭博行為，盡可能快地從中解脫出來。如果你從事了這種賭博行為，你的一生，將是賭徒的一生，是充滿憂慮，充滿不切實際的欲望、恐懼的一生；你的一生都充滿陰暗，陰暗中只有一絲偶爾會因為僥倖而成功的希望，支撐著你的生命。即使這種僥倖成功也會使你的未來充滿風險，最終，你的生活百分之百將會苦不堪言。

就像其他賭博一樣，這種賭博最大的誘惑就是，只有極少數人可以成功。例如，為了能夠獲得一官半職和聲譽名望，年輕人們都爭先恐後地去參軍，但是他們卻沒有看到那個埋葬了他們無數同伴的大陷阱，他們的眼裡只有大將軍這個位置，好像他們每一個人都可以得到這個職位，他們每一個人好像都肯定自己具備大將軍的資質，好像他們每一個人都會有幾個助手緊隨其後，整個軍營和軍隊都會聽命於他似的。因此年輕一代的「投機者」們，只看到了巨大的財富，卻看不到努力學習和辛勤勞動。他們只看到那些坐著大馬車，遊走於酒吧中，身邊圍著諂媚之人的人，但是他們卻忘了，不是所有的人都可以做到這樣。他們忘了千千萬萬的人，都有著這種企圖，為了那些他們本應該知道是根本不可能實現的企圖，卻把自己變得赤貧如洗。

無論是誰，都會想方設法躲避法律的束縛。但是如果沒有法律，人性一定會發生變化。一個人，即使根本沒有任何財產，也不敢說自己和法律一點關係都沒有，只不過大部分人都在盡其所能地避免官司上身。

那些經常官司纏身的人，已經習慣在法庭上使用法律專業術語了，他們還引以為榮，這些人一定是智者所不齒的對象。對於這樣的人，官司已失去本來性質了，對於他們反而是一種享受。而對於普通人，官司卻是憂慮的根源，是真正潛在的災難。打官司的人們總是你爭我吵，互不相讓，利用一切機會做無益於他人的事。多少人僅僅是因為過於憤怒，而走上法庭。

在打官司之前，你應該考慮考慮代價，因為如果你贏得了官司，你也會比以前更窮，那你打官司的意義又何在呢？你只不過對你的對手發泄了憤怒，你雖然傷害了他，但是同時你也傷害了自己。如果損失了一兩英鎊，忍忍就算了，因為如果你要打官司，不僅浪費了時間，惹來了麻煩，還要忍受打官司的屈辱和焦慮。如果一個人欠了你的錢可又根本還不起，你又何苦在自己根本得不到任何好處的情況下再給他施加痛苦呢？那些訴諸法律的人多數都傷害了自己，幾乎沒有幾個人因為訴諸法律而得到改善。因此，如果能避免，盡量不要訴諸法律。

至於時間安排，你的工作或者你的職業應該是先於一切的。只有按時完成自己的工作，你才可能獲到真正的快樂。作為人，除了工作以外，應該有娛樂休閒的時間，你的快樂在很大程度上也取決於你所選擇的娛樂休閒方式。如果你生活在田野和花園附近，那就是最理想的休閒場所了。至於夥伴，我在上封信中已明確告誡年輕人要遠離那些酒鬼和混混。找到志趣相投的夥伴，是至關重要的。一個人無所事事地閒坐著，一邊喝著酒，一邊吞雲吐霧，還時不時地憤世嫉俗一番，這是最無聊、最乏味、最沒有意義、最不理性的休閒方式了。然而，這也是個人習慣。每個人都應該有自己的同伴，如果年輕人經常這樣孤身一人、形影相弔，那麼他必將一事無成、虛度終生。

讀書是另一種消遣時間的方式。理性又有教養的夥伴當然更有意義，但是書籍永遠不會讓你生氣。書的成本很低，而且隨處可得，隨時等待著你的召喚。讀什麼樣的書，主要由你的追求而定。但是那些旨在教育年輕人修身養性的書，是每個年輕人必備的。在上封信中，我提到了歷史書與地理書。我依然堅定地認為，無論是歷史還是地理，都應從本國的歷史和地理知識學起，你應該熟知本國的歷史和地理，不僅了解古代的相關知識，還要了解所有重要體系的來源。那些關於國家之戰，王侯將相陰謀篡位的野史與低俗的男歡女愛的故事，是沒有任何意義的。歷史為我們提供了參考，它記錄了過去發生的事情，指引我們了解現在的狀況。但是，對於傳奇野史，卻不能給我提供任何指導，因為這些所謂的歷史沒有給予我們任何有關現在的或將來的參考。

讀書，就是對知識的一種儲備，會讓你終生受益無窮。以閱讀為休閒娛樂，歷史並不是唯一可以閱讀的內容，因為，每個人的興趣愛好不同。詩歌、地理、寓言故事、各類哲學、旅行遊記、博物學和種類自然科學的書籍，都是可供你選擇閱讀的書籍。當你讀書時，有一點應該謹記，永遠不要從眾地讚美和贊同你所讀到的東西，切記不可人云亦云。閱讀時要有自己的思想，形成自己的判斷，堅持自己的判斷，哪怕是文人學者的名言，也不要輕易跟風相信。

我在拜讀蒲柏和斯威夫特的作品時，對他們能夠抨擊丹尼斯我非常欣慰。但同時，我也明白他們為什麼要煞費苦心地抨擊這樣一個傻瓜。

有一次，純屬偶然，我走進美國一個小山村的一個小酒館裡，當我的遊伴們在隔壁喝酒時，我拿起了一本舊書，以打發時間。當看到這本書的作者就是那個備受批評的作家丹尼斯時，我就準備放棄不讀了，正當我要把書放下時，書中一篇名叫《卡托》的文章映入我的眼簾，因為我所讀過的書中，都對這部由艾迪生所寫的文章大加讚賞，文章中的字裡行間都充滿了智慧與才華，我懷著謙遜的心態拜讀起來，雖然這出自那個傻瓜丹尼斯之手。

但是，讀著讀著，我大笑了起來，不是笑丹尼斯，而是笑艾迪生。由於我的笑聲太大了，以至於走廊裡的老闆都走了過來，來探個究竟。這是我一生中讀到的最詼諧的作品。我為丹尼斯而感到高興，也為我以前對《卡托》的讚賞而感到羞愧，更對蒲柏和斯威夫特對這最有才華和最有智慧的評論無休止的辱罵而痛恨不已。在我的記憶中，這是我第一次改變了我的閱讀理念，從那以後，我不再輕信他人的評論，我會自己進行判斷，既不輕信任何作者的觀點，也不輕信所謂當前的潮流。在一場關於美學的演講中，布萊爾博士告訴我，如果我想進行合理的寫作，就應仔細解讀艾迪生。當我在編寫《英語語法》時，我讀了幾期當時的《旁觀者》，但是我並沒有按照布萊爾博士所講的那樣拜讀艾迪生，反而從他的書中找到了大量錯誤的語法案例。在第二次閱讀中，我發現了丹尼斯對這本書的指正。

有關莎士比亞作品的評論，那些三十年前對其作品的評論，是不應該被人們所忘記的，也是現在的年輕人應該熟知的，以引導年輕人形成自己的判斷。過去的人們就開始高度讚揚莎士比亞的每一句話，現在人們依然如故。那些不讚美莎士比亞的人，就會被認為是缺乏理解力和鑑賞力。加里克先生和他的追隨者們，之所以如此誇讚這位大詩人的作品，是有原因的。當我還是個小孩子的時候，就有專門為莎士比亞而舉行的慶祝節日。據說，莎士比亞種了一棵桑椹，用這棵樹做的小禮盒和其他小飾物，被銷往全國各地，就好像這些東西是用古老而又神聖的樹木製作的似的。新教徒們總是嘲笑那些天主教徒們，過於崇拜遺物，但是卻沒有一個天主教的信徒像這個民族對這棵桑椹樹那樣，瘋狂地崇拜聖人的遺物。

這種瘋狂崇拜緩和了幾年後，到十八世紀末，又捲土重來，而且更加猛烈。倫敦有一名叫博伊德爾的議員，出版了莎士比亞的作品，每部作品的訂閱價是五百英鎊，裡面配有圖片。在當時那些瘋狂崇拜的人中，有一個叫愛爾蘭的先生，他好像比任何人都瘋狂。出於對這位詩人的崇拜，他甚至親自到詩人位於斯特拉特福鎮附近的房子進行朝拜，那裡據說是詩人的出生地。當他到達那座房屋時，他請求農夫和他的妻子讓他進屋搜尋詩人的遺作。然後，他雙膝跪地，以詩人樣子，雙手合十，虔心祈禱上帝能夠滿足他的願望。結果他沒有找到什麼詩人的遺作，但是，他卻得知農夫的妻子，幾年前在打掃一個閣樓的時候，找到了一些破舊的文稿，這些文稿，有的被她當柴燒了，有的被她用來包豬肉以防老鼠偷吃。「哦！這個可悲的女人！」他大呼，「你知道你都干了些什麼嗎？」「哦，不！」女人嚇得半死，「我以為那都是沒用的廢紙，因為那些紙都很破舊了，我敢說和這房子差不多破舊。」這些話，讓他，用現在的話說，備受刺激，他又是咆哮，又是頓足，唾沫橫飛，劈頭蓋臉地責罵那個可憐的老婦人，最後憤憤地離開了老屋，匆匆返回斯特拉特福鎮，搭了一個驛站的列車就回到了倫敦，將這個可怕的褻瀆神明的不開化的女人的故事，告訴了他那些瘋狂的兄弟們。

愛爾蘭先生去拜訪莎士比亞故居的時候，把他兒子帶上了，誰也不想到，這對愛爾蘭先生，對他那些生活在大都市的有學問的兄弟們，對莎士比亞的名聲竟然帶來了極大的不幸。他的兒子大約十六歲，在倫敦給一個律師當學徒。當愛爾蘭先生和他的兒子從莎士比亞的故居返回時，他的兒子顯然沒有他父親那麼痛苦，在路上，他突發奇想，他要重現那些被那個異教徒婦女所毀掉的劇本！他想了又想，要寫出像莎士比亞那樣的著作來對他來說沒什麼困難！首先他只需要找到伊麗莎白女王時期製造的紙張，以及能寫出和原作一模一樣的墨水，這有點兒難，但是還能克服。小愛爾蘭認識一個賣舊書的書商的兒子，這些舊書的空白頁為小愛爾蘭提供了紙張，最後，他也找到了能製作他所要的墨水的方法。首先，他寫了幾部戲劇和幾封情書以及其他一些東西，又找了一本莎士比亞時期的《聖經》，在空白處寫了些備註。他把所有這些，再加上大量的十四行詩，和其他一些零碎作品，呈給他的父親，告訴他這是一個紳士給他的，只是這個紳士不肯透露自己的姓名。

於是，這位父親就向文學界宣布了其舉世矚目的大發現：他的發現轟動了整個文學界，最權威最有學識的博士們都認定這些手稿是真實的，他們中有些人（包括帕爾博士和沃頓博士）還鄭重其事地聲明這些手稿就出自莎士比亞之手，因為這個世上除了莎士比亞外，再無人可以寫出這樣的作品來！

愛爾蘭先生以高價出版了這些新寫的但又是珍貴的手稿，還準備將其中一部戲劇《沃爾蒂格恩》進行公演。但是在這部戲劇上演後沒多久，由於他兒子不謹慎，泄露了祕密，立刻，那些曾經宣稱這些作品出自莎士比亞之手的那些人，又不惜一切代價開始詆毀他！律師把他從事務所趕了出去，他的父親也把他從家裡趕了出去，總之，他落了一個「過街老鼠，人人喊打」的下場。這個故事是真實的，在很多書中都有記載。這個年輕人，我想他應該還活著，沒有人會再質疑這些事實了。

看過這個故事後，還有沒有人僅以潮流為導向了？那些不想被欺騙的人，在他讀過一本書後，會不會形成自己的判斷？經過慶祝日、朝拜者，博伊德爾五百英鎊一本的書稿，被稱為「不朽的詩人」，正如我們談論摩西和艾倫一樣，是獨一無二的詩人後，出現了一個十六歲的孩子，寫出了連學問淵博的博士都認為一定是出自莎士比亞之手的文章，當最後得知，這個男孩才是這些作品的真正作者時，那些博士們立刻將矛頭轉向他，報紙、雜誌、評論等也都在背後與這些人同流合汙，辱罵他是一個騙子。因為被冠上了這個惡名，他被整個社會所遺棄，注定會被餓死！這個教訓告訴我們，不要太依賴於學者們的論斷和所謂的文學界高層的定論。每一個年輕人，從一開始讀書時，就應該記住這個故事，如果他能夠牢記這一點，就不會受到潮流的影響，也不會被那些批評家們的意見所左右。

我希望你能夠遠離那些可憎的作品，他們利用自己的思想去腐化他人的思想。他們以令人神魂顛倒的方式將毒藥灌輸給其他人，要想抵制這些誘惑，必須要有良好的品德和堅定的信念。

除了讀書外，有能力有時間的年輕人還應該多寫作。如果你想牢牢記住一件事，那麼就把它寫下來，哪怕你寫完後立刻把它燒了，因為眼睛是你大腦的最好助手。記憶儲存著一連串的主題、地點、時間和情形，這些都可以幫助你回憶事實，沒有什麼比寫下來能更有效地再現事實了。每個年輕人都應該有一本日記，把每天發生的事都記錄下來，哪怕只是記錄當時的天氣情況。這樣堅持一年，你就會發現其中的好處。我們有太多的事情需要記憶，這樣做可以幫助你減輕大腦的負擔。寫作是很有意義也是很有用的一件事，年輕人無論如何也不應該忽視這一點。有多少次，僅僅是因為我們沒有記住事情發生的地點和發生的那個準確時間，而無法將發生在我們身上和朋友身上的趣事陳述出來啊！有多少次，就因為我們沒有記錄時間和具體情況，而引發不必要的爭執啊！只要有一定價值的東西，通常都是極為有用的。一天二十四小時中，你只需要花一分鐘，利用這一分鐘來記錄，有規律地堅持下來，每天多一點點關注。我個人從中受益匪淺，因此，我強烈建議每一個讀者都要養成寫日記的好習慣。

第三封信　給戀人的忠告

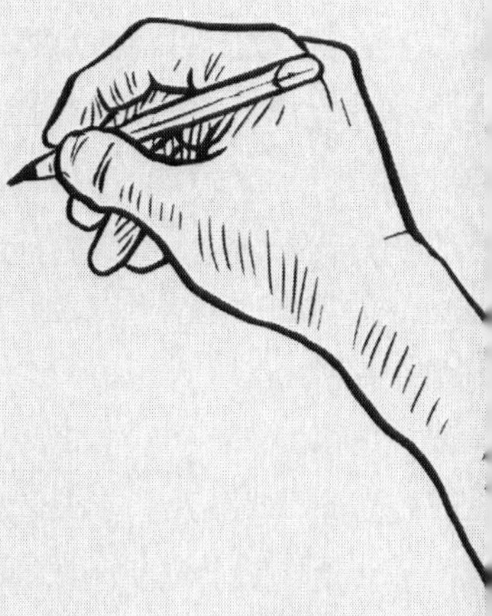

我的這部分建議對於兩種人是無濟於事的。首先是那些思想情感超越了理性而失去理智的人。沒有什麼人比那些感情受挫的年輕人更值得同情的了，他們被感情折磨得神智迷亂，逐漸走向自我毀滅。

塞繆爾·羅米利爵士因為失去愛妻而傷心欲絕致死。妻子的離去對他的精神造成了致命的打擊，最終使他喪失理智，生活也變得困頓潦倒，最終自殺身亡。曼徹斯特有個不幸的年輕人，名叫史密斯，是一個鞋匠，愛上了一個年輕的姑娘。可是無論這個男孩多麼痴心多麼用情，這個姑娘怎麼都不肯嫁給他，甚至發現這個姑娘愛著另外一個人。這個年輕人，一方面生活很拮据，另一方面又無法忍受心愛的姑娘被別人所擁有，最終選擇了上吊，結束了自己的生命。

如果有什麼事會讓我們相信這個世上真的存在精神錯亂，如果有什麼事會使我們相信那些沒有事實依據的事，如果有什麼事能使人性充滿歉意，那就莫過於自殺行為了。我們都知道，沒有人可以計算出愛情的得與失。我們所有人，除了那些性情淡漠的人之外，都知道青春期的愛情是什麼樣的，也知道愛情中伴隨著爭風吃醋會經受什麼樣的磨難。每一個人，在十六至二十歲這個年齡階段中，不知幹過多少愚蠢的惡作劇，又不知說過和做過多少瘋狂荒唐的事。然而僅僅是一個美麗的回眸，就不知將多少人的理性和堅定吹得灰飛煙滅然而同樣僅僅是一個冷冷的眼神，又不知令多少男兒傷心痛苦、悲痛欲絕！

如果感情還沒有最終確定，多接觸一些人，多交往一些人，雖然不能從根本上治癒感情中的傷痛，但是至少可以緩解痛苦。就事物本質來說，在維繫一個家庭的過程中，通常情況下，充滿了操勞辛苦、困難煩惱，而所有這一切，只有夫妻雙方一直保持當初使兩人走在一起的那種熱烈的感情才能克服。

另一種人，則更不可理喻，即那些利用經濟原則來談愛情的人，他們甚至用土地測量員的方法來衡量他們的婚姻。這不是愛情更不是婚姻，而是買賣交易。一個年輕男子希望能找一個與之門當戶對的女子結婚，這是理所當然也是很有必要的。但是，如果女孩子錢包的厚薄是男子所考慮的內容，或反之，男孩子錢包的厚薄成為女孩子所考慮的內容，那這不就是買賣交易嗎？

在任何情況下，為金錢而結婚，都是一件不光彩的事。拿破崙．波拿巴雖算不上是為金錢而結婚的，但是他結婚的動機也並不光彩。他是為了王位、權力、野心而結婚的，因此這種行為也是最卑劣的。我認識一個美國的紳士，非常崇拜波拿巴，但是，當波拿巴離婚、又再婚的消息一經傳出，他就不再崇拜他了。這種冠冕堂皇的交易行為是防不勝防的。實際上，波拿巴自結婚之日起，就已經在走下坡路了。我的美國朋友說：「如果我是他，我會娶全法國最窮但是最美麗的女孩！」要是波拿巴真的這樣做了的話，他現在很有可能已經登上王位了，而不至於落到在聖和勒拿島的一個深洞裡被老鼠臭蟲吞噬的下場。然而，他的教訓向世人傳達了一個道理，即為錢、為野心而結婚或其他以非真愛為動機的婚姻，絕不是一條通向輝煌、幸福或安寧的道路。

對於這兩種人，再怎麼勸說也是徒勞，因此對於他們的討論就此告一個段落。現在，我要對我的讀者們，我認為是真正的戀人們，那些還沒有為愛而神魂顛倒失去理智的人談一談愛情。你要記住，婚姻，是每個年輕人都必然會經歷的，是終身不變的。一般來說，婚姻中充滿了酸甜苦辣。雖然婚姻中會遭遇無數的困難，但是夫妻雙方在一起無盡的快樂也就使得困難變得微不足道了。困難也好，快樂也好，夫妻雙方的選擇一定是僥倖的。我所指的僥倖，是因為愛情，真正的愛情，熱烈的情感，是生活中必不可少的原料，但是誰也無從預料其結果。當然有時，判斷也是有用的，理性也是有一定作用的，因此，關於如何理性地對待愛情，我提幾點我個人的建議。

一個妻子應該具備的品格有：純潔、穩重、勤勞、節儉、愛乾淨、會做家務、溫柔、美麗。

純潔

女人的言行甚至思想上的純潔，是至關重要的。不具備這一品格，任何女性都不可能成為一名合格的妻子。她應該杜絕任何在男士面前的無禮行為。對於我而言，純潔的女人，就是當她聽到一些粗俗下流的故事時，會低下頭，或帶著微笑將頭扭到一邊，她會表現出聽不懂的樣子，她會像一根電線桿一樣，好像什麼事也沒有發生過。愛情是盲目的，而我們的虛榮心使我們要求妻子絕對忠誠，我們無論如何也不能容忍，哪怕是絲毫的輕浮徵兆。如果矜持是為了假裝純潔，那麼這種行為應該受到鄙視。但是，如果矜持是最大程度的純潔，我坦言我喜歡這種矜持。

婚姻是終身大事，婚姻中也會遇到困難和不幸，因此，婚姻必須完美，否則寧可不要。鄙視猜忌是愚蠢，也是很可悲的行為，但還是應該盡量避免猜忌。最有效保護婚姻的方法是，首先要有明智的選擇，從一開始就將背叛與猜忌變為不可能。

如果你一開始就下流粗俗，如果你選擇的伴侶是一個輕浮隨便的人，那麼你的婚姻中出現不忠與背叛也是必然的。結婚是你的個人行為，是你為了自己的幸福快樂而締結的契約，你應該了解對方的性格。

穩重

我所指的穩重，不是單純地指女人不會喝酒喝得酩酊大醉的穩重。如果男人喝酒招人厭惡，那麼女人喝酒也一樣！拉丁語中有一句諺語：酒後吐真言。沒有哪個酒鬼女人，或是愛喝烈性酒的女人是純潔的女人，就像酒鬼男人也不可能是紳士一樣。有時為了健康適當地喝些酒，甚至喝少量的烈酒，也是可以的。但是，一個年輕的未婚女性，是不需要這些刺激劑的，除非是得了已經確診，需要喝酒治療的疾病。

產生這樣的想法，並不是因為我已經到了一定的年齡。在我開始意識到女孩比電線桿漂亮時起，這種想法就在我的思想中根深蒂固了。一個喜歡豪飲作樂的女人，在很多方面都是令人厭惡的。

對於一個年輕女孩，我所指的穩重，不是指她應該滴酒不沾，而是行為穩重。穩重並不僅限於不喝酒，還包括堅定、認真、細心、行為舉止審慎得體。英國很多地方的人都具備這些品格。當我們想要一個車隊穩步小心地前進，我們會大聲向車伕喊道：「穩住！穩住！」現在，這種穩重的品格也是你在選擇妻子時應該注重的一種品格。走路蹦蹦跳跳、手舞足蹈，還嬉戲打鬧、唧唧喳喳的女孩子的確活潑有趣，但是，當你不確定她們一定能變得穩重時，就應該做好心理準備。可以肯定的是，當女孩子們還僅僅是孩子時，她們會像孩子一樣玩耍嬉戲。但是，當她們到了應該沉著冷靜的年齡時，當她們開始考慮需要一個自己的家庭時，即使一個又小又窮的家，她也應該扔掉那種孩子的幼稚和輕率。

有很多人，在不同時期都很驚訝地問為我為什麼總是「神采奕奕，似乎沒有任何事能夠打倒我」。事實是，在經歷了四十年的艱難困苦、挫折磨礪，經歷了比任何人更多更強大的敵人的攻擊，經歷了比任何人都要艱辛的勞動，所有這些經歷，培養了我堅強的毅力。雖然我這一生中經歷了眾多艱難困苦、挫折磨礪，但是我從來沒有真正產生過一分一刻的焦慮，任何困難，對我來說都算不上困難。我從不知道情緒低落是什麼意思，我比世界上任何的單身漢都要快樂。「科貝特，你總是那麼神采奕奕！」

為什麼不呢？我在不斷地戰勝貧窮，因此，我也能禁得住富貴的誘惑。對於我的家庭、我的孩子們，我都證明我的「沉著穩重」是取之不竭、用之不盡的，因此，我也強烈建議我的讀者們培養並保持這一品格。如果一個男人做不到這一點，那麼他一生的婚姻歷程就會充滿挑戰。穩重是值得信任的，對於年輕人來說，穩重高於一切財富。如果一個丈夫走進家門的那一刻，把懷疑、擔心和猜忌帶進了家，那他一定是可悲的。我不是指猜忌他的妻子是否忠誠，而是懷疑她是否關心他的興趣、是否關心孩子的健康和品性。

如果一個人，不把一切都上把鎖，他就會非常不放心，因為他不確定，所有一切能否像在他手中那樣安全，這樣的人也是可悲的。如果一個人囑咐過後，可以放心地離開自己的房子和家人，毫無顧慮地去酒吧，回來的時候，也不用擔心有什麼不對之處，就像他不會擔心太陽的升起與降落一樣，那他一定是一個幸福的丈夫。就我而言，當我把書、稿子亂七八糟地放得到處都是，回來時發現都整整齊齊地擺放有序，房間裡，也沒有農夫和花匠們的髒鞋子，這就是一種幸福。這樣的人是不會有真正的憂慮的，這樣的人是不會有真正的困難的，這也正是我現在生活的真實寫照。我既享受了所有與家人、孩子們在一起的天倫之樂，也享受了沒有家務像單身漢一樣的自由生活。對我而言，我從來沒有對家庭失去過一絲信心。

但是，要想獲得這種珍貴的信任，你必須，如果你可以，在選擇伴侶時一定要慎重理性。如果一個女人愛慕虛榮，熱衷於華衣錦服，喜歡受人恭維奉承，喜歡招搖過市、賣弄風情，或有這其中任何一點，哪怕程度很輕，這樣的女人也是絕對不值得信任的。即使你信任她，她的本性也不會改變。你和這樣的女人結了婚，如果你還期待信任忠誠，那麼結果只會讓你失望。除此之外，即使你在她身上找到了前面我們所談論的「穩重」，你也需要具備無限的信心和信任。信任，如果不是相互的，就沒有意義了。要想擁有一個值得信任的妻子，你就必須表現出對她沒有絲毫的猜忌、擔心和懷疑。很多人之所以被善良賢惠的女人拋棄，其原因僅僅是因為他牢騷滿腹和疑神疑鬼的行為。所有女人都看不起喜歡猜忌的男人。如果她們和這樣的人結婚，其動機一定不是出於愛。我從來不會宣講那些我沒有經歷實踐過的事，因此，為了舉例說明這一點，我向你講一講我自己在這方面是怎麼做的。

我第一次見到我妻子時，那時我二十一歲多一點。她是一個砲兵陸戰隊士官的女兒，而我是步兵團的一個士官長，我們都駐紮在新不倫瑞克省聖約翰市附近的一個要塞。有一次我和她坐在同一個房間裡，當時還有其他人，我只和她聊了大約一個小時，我就認定她是我想要的女人了。當然她長得非常美麗，正如我經常說到的，美麗也是一個不可或缺的品格。但是，最重要的是，我在她身上看到了，我前面談論很多的那種品格，即穩重，她的這一品格也是我這一生中最大的福氣。當時正值天寒地凍的冬季，地上的雪已經有幾英呎深，天氣冷得刺骨。我有一個習慣，早晨寫作結束後，我會到我們兵營腳下的一座小山上去散散步。在我第一次見到她後的第三個早晨，我邀請了兩個年輕人和我一起吃早餐，然後又和我一起散步，我們路過了她父母的房子。這時，天剛濛濛亮，她就已經在雪地裡擦洗一個水槽。當我們走出她的視線時，我說：「這就是我的女人。」後來，其中一個年輕人來到英國，在約克郡開了一個小旅館。他順便來了一趟普勒斯頓市，當時正值大選時期，他想確認一下我是不是他認識的那個人。當他看到的確是我時，他非常驚訝，但是當我告訴他，站在我身邊的這幾個高大男孩，就是當時我和他一起在新不倫瑞克省，清晨在雪地看到的那個正在清洗水槽的漂亮女孩的兒子時，他更是驚訝不已！

自從我第一次和她交談後，我更是深信不疑，她絕不可能再成為其他任何人的妻子了。我當時就下定決心，只要我們能得到雙方家人的許可，我就會娶她回家，然後儘快離開軍隊。就這樣，我的決定，就像是寫進了命運之書一樣堅定。六個月後，我所在的軍隊，要轉移到弗雷德里克鎮，離聖約翰河有一百英里的距離，更糟的是，砲兵營要先於我們部隊一兩年前往英國！如果砲兵營轉移，她也一定會和他們一起離去，現在我真正墜入愛河了。

我知道，如果她到了伍維奇那個地方，她父母的房子一定會有很多不三不四的人去拜訪，這樣對她不好，此外，我也不希望她繼續辛苦地工作。我已經存了一百五十基尼，是我早期為軍需官和其他人寫報告賺的錢，再加上省吃儉用存下來的。在她離開之前，我把我所有的錢都送給了她，並寫信請求她，如果她在家裡感到不舒服，可以出去和一些品德高尚的人合租一個房子。我還告訴她，無論如何，也不要不捨得花錢，給自己買些好衣服，不要做太辛苦的工作，等著我回到英國。最後，我為了讓她安心地花錢，我還告訴她，在我回家後，我會賺到更多的錢。

真是「屋漏偏逢連夜雨」，我們被困在異國比我們預計的時間長了兩年。四年後，我終於回到了家，我找到了我心愛的姑娘，在一家名叫「布瑞撒克老船長」的店裡當僕人，工作非常辛苦。當她見到我時，她對自己的辛苦隻字未提，還把我交給他的一百五十基尼原封不動地交還到了我的手裡！

我還有必要向我的讀者們描述我當時的心情嗎？我還有必要告訴英國那些善良的父母，這件事會對我們孩子的思想有什麼樣的影響嗎？我還有必要描述這件事對每一個讀了這本書的年輕女孩的影響嗎？她的行為，毋庸置疑地證明了我當時正確的判斷，現在讓我更愛這位美麗的姑娘了。

現在，在同樣的情況下，我不敢說沒有幾個年輕女孩能做得像我的妻子一樣好，恰恰相反，我希望，我真心相信，有很多女孩會這樣做。但是，想想她當時的年齡，我們應該知道，那時她身邊到處都是身著華麗、英俊帥氣的年輕小夥子，大部分都比我富有，比我的地位高，有很多人都願意給予她幫助。我們還應該知道，那時的年輕女孩們都恨不得把每一先令都花掉，而她，對於我給她的錢，卻分文未動，她生活樸素，靠自己的辛勤勞動來養活自己。綜觀當時的情況，我們不得不說她就是一個榜樣，是應該受到每一個看到或聽到這個故事的年輕女孩的敬重。

聽聽母親對她皮膚淨白、胖墩墩、粉嘟嘟的寶貝唱的歌謠吧，整個房子裡都迴響著她對孩子那誇張的讚美。這種音樂才是「愛的食糧」。對，就是這種音樂！去感受感受那種勞動者對他們孩子的那種溺愛的快樂吧，我常常這樣做。感受一下，他們週末用省吃儉用省下來的錢，把孩子打扮得漂漂亮亮時的驕傲吧。感受一下，那個像黃牛一樣辛苦了一週的丈夫，在妻子準備簡單的晚餐時，照顧孩子時的幸福吧。

感受一下，他們夫妻雙方為了不讓他們的孩子經受絲毫飢餓的痛苦，寧可自己挨餓的精神吧；感受一下，他們的行為，他們雙方真正的感情，不是用語言來表達的，而是用他們毫不含糊的行為來表達的。認真感受一下這些事情，再看看那些地位顯赫、家財萬貫的人們的悲慘生活，你就會發現，選擇對了生活伴侶，所有對貧窮的恐懼也就煙消雲散了。一間小茅屋，陽光明媚的週末，丈夫或妻子雙手抱著他們的孩子，看著兩三個稍大點兒的孩子在花園中玩耍，對我而言，這是我所見過的最美的畫卷，也是世界上所有國家都擁有的幸福。

一個熱血青年可能會擔心，年輕女性會因為這種穩重的品格，這種我費盡全力提倡的品格，失去他所期待的熱情。如果我的觀察和經驗證明這種擔心確實存在，我會說，如果我可以重新活一次，為了這種熱情，我可能會做出像其他人一樣的選擇。但是，與之恰恰相反，我的觀察和經驗告訴我，輕浮，百分之九十九是與這種熱情相依相存的。尋歡作樂不叫愛情，也絕不可能成為愛情。那樣的熱情，就像動物一樣，是很容易得到滿足的；就像放蕩的花花公子，即使沒有痛苦也會變心，即使開心也會變心，也就是說，他們會盡最大的可能尋歡作樂。思想輕浮的人是極少具有熱烈感情的，愛情對她們而言只是個名義，除非她們只愛一個人。

勤勞

我所說的勤勞不是指單純為了收穫或儲蓄而進行的勞動，不是單純的體力勞動或活動，因為那些錢多得不知怎麼花的人中也有非常勤勞的人，這世界上還有懶女人，農民和商人的妻子也有不勤勞的。任何一個階層的人，其妻子作為一個家庭中的當家之人，其勤勞是家庭幸福與興旺的必要條件。如果她很懶惰，那麼家裡的僕人也必然很懶惰，更糟的是，孩子們也會養成懶惰的習慣。所有應該做的事情，都會被拖到最後一刻才去做，而且在大多數情況下，都是草草了事。晚飯晚了，出門晚了，故而引起一連串的不便，總有一大堆該做的事沒有做完。哪怕是在最富有的人中，懶惰也最受詛咒。因此，懶惰的女人，無論她身處什麼地位和身分，都是受到詛咒的。

但是，誰知道一個女孩是否會成為勤勞的女人呢？特別是那些被女孩甜甜的微笑、動人的酒窩、迷人的雙唇陶醉得幾乎失去理智的戀愛中的小夥子，又怎麼可以判定她是一個勤勞的女孩子呢？僅從他所看到的，又如何判斷他所愛慕的對象是勤勞的還是懶惰的呢？是的，這的確不是一件容易的事，因為這與理性幾乎無關，但是，透過女孩一些外在可見的表現，男人們不一定使用理性，也可以準確地判斷出她是否勤勞。

對於一個熱戀中的人，他的眼睛和耳朵是很容易被矇蔽的，愛情掩飾了一切的瑕疵，不僅僅掩飾她個人的缺點，也掩飾了她整個家庭的不足。但是，只要細心謹慎，那些表面跡象會幫助你看到本質的。

首先，如果一個人連話都懶得說，那麼她的手腳也勤快不到哪裡去。我所說的「懶得說話」的人，不是指沉默寡言的人，也不是指不善言談的人，因為，大部分情況下，這樣的人反而很勤快。我指的是那種說話時慢慢騰騰、有氣無力，就像是在嘆氣，而不是在說話，就好像她胃疼得把那些詞語吐出來的一樣。一個勤勞幹練的人，說話時普遍聲音清晰乾脆，雖然不是很大，但是至少非常堅定。聽起來也不會像男人一樣，既不低沉沙啞，也不聲嘶力竭，而是具有女性的柔美，是那種清晰乾脆、悅耳動聽的聲音。

另外，再觀察一下一個人牙齒的工作效率，因為這和人的其他部位一樣，也是受大腦控制的。在世界上最勤勞的民族中，有一句經久不衰的諺語：「吃得快，幹活快。」這形容得真是準確無比。但是現在，在女性中卻流行細嚼慢嚥，要坐在桌前吃一個小時，甚至更長。對於女孩來說，雖然她必須和所有的人在桌前坐得一樣久，雖然她必須要表演到最後一幕，她也不能讓她的牙齒失去作用。為了消磨時間，她不得不將盤中的食物切成一片又一片，慢慢地送進嘴裡。但是當她咀嚼的時候，就不可能掩飾她的本性了。

如果她咀嚼時下顎移動得非常慢，她是在研磨食物而不是在咀嚼食物，如果她有這樣的行為，那麼你就可以確定，她的本性中一定存在著根深蒂固的惰性。不要去看她做什麼針線活，哪怕她能用針繡出世界地圖來；只需看看她是怎麼吃羊排的，怎麼吃麵包奶酪的，如果她乾脆俐落地吃完這些東西，那麼她一定是勤勞的，如果不是這樣，那麼那樣的妻子只能成為你的負擔而不會成為你的賢內助。

另一種判斷一個人是否勤快的方法，就是看她的步伐是否輕快，著地是否厚重；當她行走時，身體微傾，目光始終鎖定一個方向，這些都是很好的徵兆，因為這說明她在努力朝著既定目的地前進。我不喜歡，從不喜歡那種走起路來漫不經心、柔軟無力的女孩，她們就好像對去哪裡幹什麼毫無目的。一個人的跑步方式和走路一樣，也能看出一個人是否勤勞。

早起是勤勞的另一種表現。雖然從賺錢的角度來說，對於一些生活在上層社會的人們，早起並沒有什麼意義，但是在其他方面，是有其重要性的。因為，我能想像，一個從來沒有見過晶瑩的露珠，從來沒有欣賞過迷人的日出，每天從臭氣熏天的床上一起來就直奔餐桌，毫無食慾地嚼著上等食物的女人，她的愛情不可能保持活力。一個男人，像這樣也許能忍受一兩個月而不至於厭煩，但那一定是他的忍耐極限。

而對於那些生活在中層社會的人來說，他們要透過勞動或其他方法為孩子們的生存和生活而奔波，他們的妻子如果不能做到早起，那麼他們的生活就完了。一個習慣睡懶覺的女孩是永遠也不可能成為一個起得早的妻子的。她如果從小就睡懶覺，就一定會愛上睡懶覺，也就會養成睡懶覺的習慣，那麼，等她結婚後，也總會找出各種藉口睡懶覺。如果一開始她就沉溺於這種習慣，那麼以後也就很難再改變，這注定對她來說不是一件好事。一個愛睡懶覺的女人，她的感情生活一定很脆弱，喜歡爭吵，她的丈夫也會跟著遭殃，至少他一半的勞動成果會在她的打鼾聲和閒混中浪費掉。我這樣說，對於女人來說，是不是太嚴厲了？是不是太苛刻了？是不是太冷酷了？

是不是我這個年齡的觀念太冷酷無情了？不，都不是。這只是為了使女性更加幸福，是對女性自然的、合理的並有益的建議。這條建議的目的，是使她們保持健康的身心，延長她們美麗的青春，讓她們的愛人對她們的愛至死不渝，使她們能夠在自己的一生中，展示出自己的重要性，因為懶惰只會讓她們一文不值。

節儉

節儉是浪費的反義詞。節儉並不是吝嗇，也不是指小氣，更不是斤斤計較，而是盡量避免不必要的花費和所有不必要的用度。無論是對生活在上層社會的人還是底層社會的人，這一點都至關重要。有些人非常富有，他們有足夠的資本去揮霍金錢和物品，對於旁觀者來說，他們最大的難題就是如何揮霍掉這些財富。但是，這個「難題」對於一個奢侈浪費的女人來說根本就不算問題了。奢侈浪費的女人，每盎司一基尼的草莓，她會歡喜雀躍地買上一籃子，而不會考慮後面的一年都可能只靠吃青豆維持生活。這樣的女人，是最受貸款販子歡迎的人。她無須利用任何天賦，就能將一個腰纏萬貫的貴族變成一個一貧如洗、生活在貧民窟、靠救濟金過活的人。有多少家資殷實的貴族和紳士，因為他們奢侈浪費、揮霍無度的妻子而變得一無所有甚至是蒙羞丟臉！當然，有時也可能是因為他們自己的揮霍浪費而造成的，但是，大多數情況下，都是由於那些本應該有責任有義務透過節約節儉來維護他們身分地位的妻子造成的。

對於富人來說，揮霍浪費的妻子僅僅會使他們降低身分和地位，對於那些生活在社會底層的人，如果他們缺乏勤儉節約的品格，那會是什麼樣的後果呢？那一定是致命的，尤其是對那些妻子是掌握錢財同時又是花錢如流水的人來說更是慘不忍睹。只知道揮霍浪費的妻子必然會在年近老年時，過上顛沛流離的悲慘生活。要想避免這一切十分困難，但是，如果戀愛中的人不那麼盲目，就會很容易發現對方是否有奢侈浪費的傾向。

你戀愛的對象，十之八九不可能擁有自己的房子，但是她一定擁有她自己的衣服和其他一些她能買得起的東西。如果她在這些東西上很奢侈，超過了她的身分地位所能及的標準，甚至達到了頂級的程度；如果她隨心所欲地購物，喜歡華而不實的東西，喜歡豔麗易壞的東西而不是經久耐用的東西，那麼你就可以肯定她的這種性格是終生難改的。如果你發現，她對昂貴的食物、昂貴的家具、昂貴的消遣很熱衷；如果你發現，當她的願望得不到滿足時，她就會不高興；如果你發現，她特別痴迷於富人的禮服，並悄然模仿，那麼你就可以肯定，這樣的女孩子，一旦她有機會將手伸進你的錢包，就絕不會吝惜。

如果你辛苦為她賺得一匹馬，她可能就會要一輛兩輪馬車；如果你給了她兩輪馬車，她可能又想要四輪馬車；如果這也給了她，那她又會要四馬大車，一步一步地，她會用她的一生來折磨你，直到她生命的最後一天或你生命的最後一天，因為總有比你富有的人會滿足她的要求，如果真是這樣，你的生活將會永無寧日。理性會告訴她，她永遠都到達不了社會最上層，她總是缺東少西，因此，在這種攀比中，再多的錢財都會被她揮霍殆盡。

愛乾淨

這也是一個重要品格，因為沒有哪個男人願意長久、真誠、熱烈地愛上一個不愛乾淨的女人。我相信，任何男人都不可能與一個不愛乾淨又不做家務的女人維持長久、熱烈的感情。男人可能不會特別在意自己是否乾淨，那可能是因為他們工作的性質，也可能是因為沒有時間保持衣著整潔，因而養成了不修邊幅的習慣，但是他們卻不喜歡妻子不修邊幅，他們希望妻子永遠美麗迷人。然而美麗迷人與骯髒邋遢是絕不可能相提並論的。

丈夫不一定要求妻子穿著華麗嬌豔，但是至少應該乾淨整潔。屋內與屋外一樣乾淨，家裡晚上與白天一樣乾淨，地板和桌面一樣乾淨。當然你也許會發牢騷，這樣做就是「吹毛求疵」、「鋪張浪費」，但是如果家裡不乾淨整齊，他的牢騷更多。

愛乾淨，首先表現在身體的清潔。一個乾淨的女孩不會讓他愛人看到她手指間有不潔的東西，對於一個乾淨的女孩來說，她的面頰一定是潔淨無瑕的。如果你還不放心，可以再看一眼她的後頸，就看一眼，如果你發現她的耳後有汙垢，那你最好停止拜訪她，越快越好。我希望，我這樣說沒有冒犯那些年輕的女孩們，她們可能會認為我對女性要求太苛刻。但是我只是告訴她們男人所想的，了解我們這些男人對女人的想法，對她們有好處。如果讀了這本書的人，能夠自省，發現自己在這方面有缺陷，還有足夠的時間進行改正。

對於一般人來說，僅憑她們的服裝，你就可以從兩個方面來判斷她們是否愛乾淨：首先，如果她身穿白色衣服，但是卻泛著黃，那說明她不是一個愛乾淨的人，因為一雙愛乾淨的手不會讓衣服出現這樣的情況。如果一個男人的白色領結或襯衫泛了黃，也足以說明他妻子的品性。可以肯定地說，如果她連自己的衣服都不用心去洗，又怎麼會用心去洗你的衣服呢。其次，穿衣方式也是判斷其是否愛乾淨的基礎。一個不愛乾淨的人，穿著一定隨意、邋遢、胡亂搭配。衣服的品質差點倒沒什麼關係，即使品質差，只要穿得乾淨整潔，就可以了。如果不是這樣，你可要小心了，因為你很快就會發現你為之付出的代價，在一件事情中表現邋遢的人，做所有的事都會邋遢。

哦！女人對於這些細節是多麼粗心大意啊！一般情況下，男人對他們的妻子，雖然嘴上不介意，但是心裡卻很介意，他們會羨慕那些比他們幸運的鄰居。多數情況下，最嚴重的後果往往是由最顯而易見的小事導致的。美麗是無價的，美麗同時也是一種紐帶，非常強大的紐帶。雖然美麗不能一直持續到老，但是乾淨整潔的魅力卻永遠不會減退。

會做家務

不會做家務的女人，即使是貴族的妻子，也是一件可悲的事。過去，女性學習如何做家務是一種風尚，我堅信，那加深了丈夫對她們的喜愛和敬重。如果把家務完全交給僕人去做，她們是很難為你把一個大家庭打理得井然有序、有條不紊的。

做家務更是每一個人必備的素養。她不僅僅要會做家務，還要知道該做什麼、該怎麼做。不僅要知道做餡餅或布丁應放什麼佐料，還應該知道怎樣才能做出一塊餡餅或布丁。

當我們發現我們娶的不是一個賢內助，而是一個負擔時，一切都為時太晚，愛情的火焰被無情地澆滅。如果一個年輕的農民或商人娶了一個女孩，如果這個女孩會音樂，或會所謂的繪畫、唱歌，會浪費一大堆紙、筆和墨水，寫一些冗長半抒情的信，喜歡看表演、戲劇，讀小說，如果一個年輕人的確娶了這樣的年輕姑娘，那麼他就要耐心忍受，他必須正直，因為正義會教他對她無限地遷就，竭力引導她學習盡一個妻子的職責，對她耐心，即使他知道她不擅長家務，也表現出會把她帶回家的樣子。但是，請記住，他好像對她華而不實的能力很滿意。然而，一旦他的激情結束，他就變得不那麼正直，不那麼耐心，也沒那麼紳士了，他會對她不理不睬，指責她不會做家務，這一點顯然他一開始就知道。

有一次，我低聲問狄更斯夫人她的鋼琴在哪裡時，她笑了笑，將臉轉向坐在她腿上的孩子，說：「這個小傢伙把我的鋼琴打敗了。」如果我現在所寫的文章，能有幸讓她讀到，就以此作為我對她行為的一種欽佩和讚賞，作為對她那善良明智的丈夫的敬意，這是時間和距離無法阻擋的，會永遠留在我心裡，直到我心跳停止的那一刻。

一個女人要具備幫助她的丈夫勤儉持家的能力。持家最有效的方法，就是幫助丈夫打理他的財產。她需要有能力將他的積蓄花在刀刃上，不浪費一分錢，她需要有能力以最小的開銷準備最豐盛的午餐。如果沒有人教過她如何做家務，她又如何能做到這一點呢？如果有人告訴她，這些家務沒有她的學習重要，她又如何能學到這些本領呢？如果她已經習慣把做家務這類事情當作是那些低等無知的人才會做的事，那麼她的丈夫又如何期望她來做這些事呢？

一個農夫，如果不會認字讀書，不是無知，只要他懂得如何開田耕地，他就不是一個無知的人。然而，一個妻子，如果不會為她的丈夫準備一頓晚餐，那她就是一個無知的女人。你對一個飢腸轆轆的丈夫，稱讚他的妻子是多麼能彈善唱，是起不到絲毫安慰作用的。年輕的女性，聽我一句勸，做一桌豐盛的飯菜，把房子收拾得乾淨整齊，點起暖暖的壁爐，比一切學識才能更能留住一個丈夫的心。

溫柔

這是最難預先確定的一個品格。微笑太容易了，在什麼樣的場合下都可以很容易地帶著微笑。溫柔不是隨遇而安，不是那種沒有什麼能打擾的平靜。如果你不是已經失去理智，當你發現你的女朋友脾氣暴躁，那麼一定要想辦法遠離她。一個脾氣暴躁的男人已經很讓人生厭，如果你的妻子，那個與你朝夕相處的女人，整天對你發脾氣，你該如何忍受！想像一下，你和一個女人坐在同一張桌子上，睡在同一張床上，一個星期內，一句話也不說，是什麼樣的感受！但是，即使這樣的相視無語，也比愛發脾氣強得多。如果一個女人不幸真的脾氣暴躁，你只要擦亮自己的眼睛，就能發現徵兆。

因為她會時不時地對家裡的某個人，有時甚至對你表現出這種暴躁。那麼你可以肯定的是，在這方面，即使是婚姻也挽救不了她。脾氣暴躁源自反覆無常的不滿與不快，而且是毫無理由的不滿與不快。對於脾氣暴躁的人，最好的應對方法，就是忍著讓她把脾氣完全發泄出來。我建議最好不要讓你的家庭沾染上這種惡疾。

牢騷滿腹也是一個很大的缺點。沒有人，尤其是女人，喜歡聽那些無休止的牢騷抱怨。如果她抱怨，直率地抱怨你不守時、抱怨你冷漠、抱怨你怠慢，或抱怨你喜歡拈花惹草，這些牢騷都還能接受，無非是因為她對你要求比較嚴格。但是永無休止的抱怨、莫名其妙的抱怨，是很可怕的跡象。這說明她缺乏耐心，準確地說，是缺乏理智。這甚至比冷漠無情更可怕。「你什麼時候會再來啊？你怎麼總是沒有時間啊？你是不是喜歡別人勝過喜歡我？」這些抱怨沒有什麼理由，聽起來更像是調侃，卻說明她充滿了焦慮。但是當你牽著她的手，握住她那冰冷如玉筍般的手指時，她依然發出這樣的牢騷，我會說，那你就需要好好考慮了。

頑固執拗也是人性中很惡劣的品性。執拗的程度會隨著年齡的增長而加強。強辯到底也許能獲得勉強的勝利，但是，對於很多人來說，執拗其實是一種思想上的疾病。如果妻子性格執拗，是非常令人頭疼的。如果你發現她在少女時有一分執拗，那麼等她成為妻子後就會有十分執拗。永無休止的爭辯，是非常傷害情侶之間感情的事。

美麗

雖然關於妻子的這一品格，我是最後才談到的，但是這並不意味著這一品格就不重要。那些不受寵的女人會說：「美貌是很膚淺的東西。」這一點不假，但是美貌的確會令人賞心悅目。那些畫卷也無非是用油彩或畫筆堆砌起來的，但是我們依然會禁不住讚美它們。一位老人，有一個算不上漂亮的女兒，他對我說：「心靈美才是真的美。」「取悅了你的眼睛，卻折磨了你的心」是那些外貌醜陋的人發明的格言，我敢說，這句格言已流行了近千年。如果她們有足夠的勇氣，她們一定會說，美貌與貞潔、穩重及女性所有的美德沒有任何關係。但是，擁有美貌的女人總是比那些沒有美貌的女人更具誘惑力，因此也就更具競爭力。

在結束「給戀人的忠告」的這封信前，我還要談談關於引誘和不忠的主題。在那些透過不正當方式獲得滿足的不幸婚姻中，二十件中就有十九件，雙方之間根本不存在引誘、情感和美德，有的只是罪惡。

還有一些不同的情況，一個男人冷靜謹慎地追求一個年輕女孩，並得到了女孩的愛慕，然後他就利用這種愛慕來達到自己的目的。而這注定會摧毀她的生活，將她帶入痛苦的生活。當一個男人做這一切僅僅是為了獲得金錢上的滿足，他要麼就是自私自利、冷血無情，要麼就是一文不值、沒心沒肺。

年輕女子締結婚約後，與丈夫相互依賴相當長一段時間後，並且顯然她生活得安逸幸福，可能，她的一生就依賴於相互間的責任，而當達到這一階段後，愛人之間是有可能發生變化的。如果你更愛另一個人，那麼最好解除婚約，這對男女雙方都有利，因為你無權傷害女孩的心。那個因為你的原因，實際上是受你鼓動，至少是受你誘導對你忠誠的人，你無權傷害她。你也許對自己的情感變化無能為力，但是你卻可以透過這種方式避免造成傷害。如果你只能給她帶來悲慘的生活，而她的心已經被你俘獲，你應該放慢解除婚約的速度，你應該讓時間來幫助你執行這一痛苦的任務，你應該小心翼翼地避免所有會加劇人傷心的痛苦行為。

任何人都無權玩弄一個女人的感情，特別是他在給予了承諾後更不應中途突然停止。引發這種事情的罪魁禍首，往往是男人的虛榮心，是那種期盼受到更多女性青睞的欲望，這是一種極其卑劣的虛榮。你無須用太多的甜言蜜語來承諾你的感情，僅僅是你語調中的高音和你的行為舉止就能表明你的情感，你很清楚你的意思得到了很好的理解。但是，如果你沒有愛慕之意，如果你早已心有他屬，如果你知道自己會播下不幸的種子，但是你依然不畏良心的譴責，堅持朝三暮四，甚至欺天罔地，那麼你就是欺騙、不道德和殘忍。

在男人的一生中，有些小事可能變成影響終身的大事。也許有時你可以做到自欺欺人，有時在某種程度某種情況下，你又一次成功地騙取了類似於真愛的感情，同時在心裡仍保存著第一份感情，也許有時你並不是受到虛榮心的驅使，這樣也許你就不會背負不道德與殘忍的罪惡感，但即使這樣，你也做錯了。

第四封信　給為人丈夫者的忠告

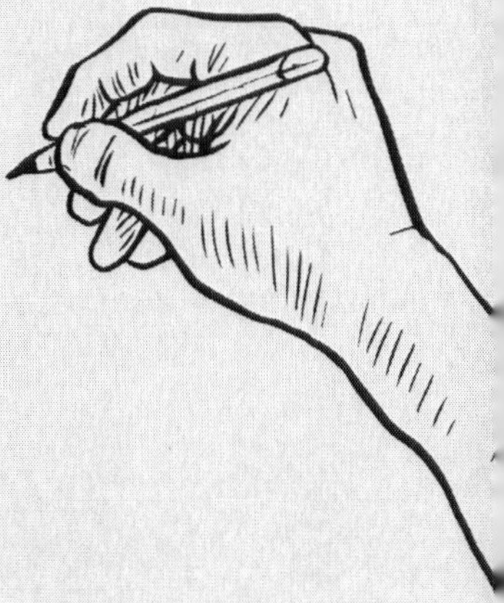

第四封信　給為人丈夫者的忠告

身為丈夫，你的行為表現會對你的幸福產生極大的影響，而且你的幸福在很大程度上是由你最初的態度決定的。我相信你已經選擇了一位心儀的妻子，但是你要知道，即使是一位賢良淑德的女人，也會被一個怯懦軟弱、粗心大意、奢侈浪費、放蕩不羈的丈夫折磨成一個蠻橫無理的妻子、一個不稱職的母親。一個妻子，除了她自身的性格和所受的教育外，其很多品性都是由丈夫造就的。

首先，無論生活在哪個階層的人，作為丈夫，都有責任勸誡妻子節約用度、勤儉持家。他有責任讓妻子明白，一旦有了孩子，他們就要支付孩子的一切吃喝玩用。他有責任讓妻子明白，作為妻子，就應協助丈夫養家餬口。從法律的角度來說，我們有權自行處理自己的財產，但是，當我們債務纍纍時，這些財產就不屬於我們了。從道德的角度來說，從結婚的那一刻起，夫妻雙方就締結了共同持家的契約。因此，從一開始，夫妻雙方就應該將家庭的花銷用度控制在最低限度。

如果家務活太勞苦，以至於使你的妻子痛苦煩惱或疲憊不堪，如果家務活重得有損於她的健康或美貌，那麼你應該考慮僱用一個僕人。但是，如果你家中的活並不是很多，做做家務反而會有利於她的健康，使她充滿活力，當然也會使她更光彩美麗。當女孩子們擦窗洗衣時，你經常可以聽見，她們會邊幹活邊歌唱，一直唱到聲嘶力竭，但是他們在做所謂的針線活時卻很少歌唱。生活在城市的女人們，會去市場上，高高興興地買東西回家；生活在農村的女人們，不僅會做家務活，還會去地裡勞作，種菜、鋤地、拔草、收穫、儲存，即使英國的天氣多麼不適宜在田地中勞作，她們也依然任勞任怨。不過她們也得到了豐厚的回報，她們的丈夫因此會更加珍惜她們。

我是不是按我所說的那樣實踐的呢？答案是肯定的，我完全按照我所說的那樣做到了。直到我的第二個孩子出生時，我還沒請僕人，雖然當時我的經濟條件完全請得起僕人。在我的一生中，從來沒有哪個階段像這時一樣，房間乾淨整潔、井然有序，也從來沒有像這時一樣豐衣足食、睡眠酣暢。由於我有很多工作要處理，因此，我經常不在家。但是，我只要能有一分鐘的空閒，就會去抱抱我的孩子，盡可能減輕孩子母親的辛勞。我不挑食，能飽腹即可。當孩子需要照看時，我會和妻子輪流照看。我的很多作品，不是專門花時間完成的，而是在深夜照顧孩子時寫成的。

我們就是這樣經營著我們的生活，也是這樣開始我們的婚姻生活的。當然，所樂於做的事，沒有哪個年輕人，特別是沒有哪個財富殷實的年輕人，是應該羞於去做的。但是，你的妻子可能也會有生病的時候，或者有了生病的徵兆，也許現在已經病臥床榻，這是她不得不承受的病痛的折磨，這也有可能成為剝奪你快樂的原因！哦！這就要另當別論了！你悉心照料，滿足她所有的願望，撫平她內心的恐懼，可能為了緩解她的病痛、挽救她的生命，你心力交瘁、開銷巨大，如果你做到了所有這些，那我要說，你一定是一個浪漫痴情的人！這是她應得的，她甚至應該得到比上面提到的更多。因為，由於她的節儉給你帶來了幸福，你現在手中就有足夠的錢，用在她最需要的時候。當她恢復健康後，她會備感驕傲，因為是她的勤儉節約為她贏得了生命和你的幸福。

作為丈夫，你應該注意的事，就是你新婚妻子的言行舉止。對於年齡大一些的妻子來說，在多數情況下，時間和世事已經磨礪了她們的感情，她們不會對其丈夫表現出苛刻無情、百般刁難的態度。但是對於一個年輕又沒有經驗的新婚妻子來說，情況就不一樣了。你一定要記住，僅僅是對她皺皺眉頭，都無異於在她的心口刺了一刀。自然而然地，男人自結婚之日起，其感情就不再那麼熱烈了，但是，女人卻恰恰相反。她們的感情反而會越來越熱烈，也正因為如此，她們會變得異常敏感、疑神疑鬼。孩子的出生，雖然可能會幫助丈夫分擔一些情感，但是妻子對丈夫的熱烈依然存在。如果你很享受這種熱烈的感情，那麼就應全身心地回報她。不要

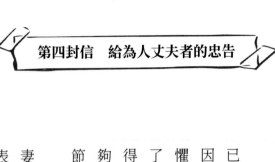

讓任何事使你與他人之間產生不快，也不要讓任何事使你與妻子之間發生不快。你對待妻子的言語、情緒和行為，應與婚前無異。

現在，你一生都應保持對她的感情和愛慕，這種感情和愛慕不是表現在對她荒謬的恭維，不是表現在卑躬屈膝地為她撿手絹、拾手套，或撐傘遮陽，更不是表現在為她戴金首飾，也不是為了取悅她，而愚蠢地無視她的缺點和錯誤。你應透過你真正善意的行動來表現你對她的感情和愛慕，應透過真正能讓她身心平靜喜悅而又有價值的事來證明你對她的感情和愛慕，還應透過對她持之以恆又真實深情的讚美，讓她遠離所有心靈荒原，讓她對你的真情實意深信不疑。那些只知在妻子耳邊諂媚奉承的人，無非是做給他人看的虛情假意。對於妻子的稱謂，即使在他人面前，你最好也親切地使用她的暱稱。而「親愛的」，這句經久不衰的稱謂，實則是對缺少真愛的一種補償罷了。有了這種真愛，即使丈夫日夜辛勞，也是快樂幸福的；有了這種真愛，丈夫可以忍受各種艱難困苦。用你的真誠行動而不是甜言蜜語，讓她時時刻刻都深信，你對她的健康、她的生命和她的幸福的珍視勝過世界上的一切。你一定要向她證明這一點，特別是在其生命或多或少處於危險之時。

我的新婚生活是在費城及其附近度過的。有一次，在烈日炎炎的七月中旬，我的妻子得了一場大病後，連續四十八個小時沒有睡覺，我非常擔心。在一些炎熱國家的大城市，幾乎家家都會養狗。天氣炎熱的時候，這些狗一到晚上，就會拚命地狂吠不止。有一次，這些狗連續不斷地發出可怕的嚎叫聲，就是身體健康、無病無痛的正常人也不可能安然入睡。大約在晚上九點的時候，我起來坐在床邊。「我想我現在是無法入睡了，」我的妻子說，「要是沒有這些討厭的狗就好了！」於是，我穿著短衣短褲，連鞋子襪子也沒有穿，走下樓，沖出房子，朝路邊堆著的一個石堆走去，用石塊驅趕那些狗，來來回回地，把牠們趕到了離我家兩三百碼的地方。整個晚上，我都沒有穿鞋，光著腳在房子裡行走，生怕有一點聲音驚擾了妻子。當時，我清楚地記得，即使在晚上，走廊裡的地磚都炙熱得燙腳。我的努力終於發揮了作用，妻子安然地睡了幾個小時。第二天早上八點，我又繼續出門上班，直到晚上六點才能下班。

我們的街坊鄰居經常問我的妻子，是不是所有的英國丈夫都像她的丈夫那樣時，她果斷地給出了肯定的回答。除了晚上睡覺時間外，工作幾乎占據了我所有的時間，週末也不例外。即便如此，我也能抽出時間來幫助她照料我們的孩子和做其他瑣事。清晨起床，為她生好爐火，為她燒水煮茶；天冷時，為她端上暖暖的熱水；她穿衣整妝、準備早餐時，幫她看孩子；吃完早飯，再為她把一天的水和柴準備好；然後我再穿戴整齊，出門工作。工作一結束，我就會匆忙趕回家，回到她身邊，若不是工作的需要，我一刻也不願離開她。

與英國相比，美國的電閃雷鳴更猛烈驚人。我的妻子，就像大多數女性一樣，特別害怕電閃雷鳴。一次，外面電閃雷鳴，我的妻子希望能有個人陪她，當然最好是她的丈夫能陪在她身邊。我很清楚，在我們面臨危險的時候，我的存在是不能解除危險的。但是，我一定會儘快結束手中的工作，在暴風雨來臨的那一剎那，及時趕到她身邊。為此，我不知在費城的大街上，來來回回跑了多少趟了！我的幾個法國學者朋友，常常為此而笑話我，每當我們在一起時，他們總會說：拯救雷電的科貝特先生！」說完，都笑得直不起腰。

在生活小事中表現出對妻子的愛意，無須多少花銷就可以很好地穩固你們之間的感情，而這樣的感情是用錢買不到的。不過，最重要的是，你一定要能夠證明在危急時刻你對她的擔憂關心。那些我為她而回家的情況，一定是有必要的也很重要的情況。這是我的原則，對於必要的事，我一定會在所不惜地去做。一八〇九年，在英國的伊利島，一些英國本地民兵，被一群當時駐紮在英國的漢諾威人無端地威逼鞭打。當我在倫敦一份《通訊報》上看到這一消息後，我立刻用英國男人應有的語言表達了我的義憤。

當時的首席檢察長吉布斯因此而攻擊我，騷擾了我近一年的時間，最終把我送上法庭。我被艾倫伯度、格羅斯、布蘭克和貝利判決在紐蓋特監獄服刑兩年，罰款一千英鎊，刑滿釋放後，還要交七年沉重的保證金！所有人都認為這一判決無異於死刑。那時我住在離倫敦七十英里遠的一個小鎮，我用自己的雙手開墾了一塊農田；我還要扶養年幼的孩子，最值得欣慰的是，我的妻子是一個最無私、最偉大的人，在那種情況下，她為我分擔了幾十倍的痛苦。我被關進一個關押重刑犯的監獄裡，在這裡，為了拯救我自己，我每個星期要交十二基尼，整整交了兩年。而當時的國王，可憐的人！沒有活到我出獄的那一天，因此，他沒有拿到我那被罰的一千英鎊，但是，他的兒子，也就是現在的國王，準時地「以先王的名義，代表先王」接受了我的罰金，並據為己有。

對於我的判決，雖比不上死刑嚴重，但對我來說，也是毀滅性的，我失去了當時我所擁有的所有財產。但是，這些與當時的情況相比，算不了什麼。因為當我在重刑犯監獄裡服刑時，我的一個孩子要出生了，而我卻錯過了孩子出生的重要時刻。我的妻子，在她快要分娩前，最後一次來監獄探望我。當我知道她要離開這裡去博特利生孩子時，我非常沮喪。她看出我的心情後，立刻決定不去博特利，而是在離紐蓋特最近的地方，找了一個住所，為的就是能讓我最快地知道她的一切情況，為了讓我可以看見醫生，以確保她一切順利，她能找到離我最近的地方在斯金納大街。大街的一角通向史密斯菲爾德區，那裡車水馬龍、商販雲集、人聲嘈雜、雞鳴狗吠，混亂不堪。要不是為了我，她完全可以在一個安靜的小鎮找一個寬敞舒適的住所，有熱情的鄰居，有照顧她的僕人，需要什麼都很方便。

雖然當時的情況如此惡劣危險，甚至還可能會有失去孩子的風險，她卻以極強的意志力，忍受著所有痛苦，沉著鎮靜，同時她可以隨時給我捎信，也可以隨時收到我的信。如果她去了博特利，把我一個人留在監獄裡，我一定會絕望。她如果看到我絕望了，一定會傷心不已。

對於在此浪費諸多筆墨來描寫我自己的事例，我並不感到羞愧，因為，這一事例比訓誡更易理解，同時因為我相信，我的事例比長篇大論更有分量，因為這一事例中包含了關於早起、節制、沉著、節儉和仁慈的品格。愛妻子，並不表現在跟在妻子後面閒逛，也不是幫她穿金戴銀，也不是陪她去看一個又一個表演，或所謂的尋歡作樂。能讓夫妻感情更為親密的不是這些事，而是你在婚禮上的承諾：「我用我的全身心來愛你。」也就是說，透過對她的關心和真情來尊重和禮待她。另外，你要記住，最能證明你對她真誠和穩固的感情的方式，就是在工作允許的情況下，以及在完成對大眾和個人的責任的情況下，盡可能多地陪伴她。對於一些社會責任，對於生活在某些階層和環境下的人來說，自然免不了與朋友或鄰里交流應酬，作為丈夫，也會不得不時常離開家，這也是人之常情，可以理解。但是那些在一天的工作結束後，不是及時回到自家的壁爐前，而是習慣性地來到酒吧或咖啡館與一些混七雜八的人閒談漫聊，這樣的人算什麼丈夫啊？

有人告訴我，在法國，很少有哪個丈夫不是在所謂的咖啡館度過他們的傍晚的，咖啡館，無非就是閒聊、喝酒的地方。最令我感到遺憾的是，我發現英國的許多丈夫也沉溺於這一習慣。喝酒俱樂部、吸菸俱樂部、唱歌俱樂部、奇人俱樂部、口哨俱樂部、酒鬼俱樂部，這些丈夫們無所不從、無所不去。然而，即使對於單身的男人們，沉溺於這些地方，都是不可原諒、受人指責、愚蠢惡劣的行為，更不要說丈夫們了。作為一個丈夫，沉溺於這些地方，你是如何對妻子盡職的，又是如何對你們的孩子盡責的；你是的這些行為違反了你在婚禮上莊重的誓言，難道你就是以這種惡劣的方式來對待你的妻子的嗎？

如果可以選擇，我們一定會選擇與最喜歡的人為伴。與這些朋友相伴，會讓我們心情愉悅。因此，丈夫們，無論你生活在哪個階層，如果你喜歡或至少是習慣性地與自己的朋友而不是妻子一起度過自己的閒暇時間，透過自己的行動來告訴你的妻子或朋友們，快樂不僅僅是與朋友們在一起才可以獲得的。如果你花些時間陪伴孩子們，孩子們也會用對你的尊重作為回報，而對於感情敏感細膩的妻子，你對她的無視淡漠，無異於在她的心頭插上一把匕首，也刺激她對你進行報復，這種報復心理，若不是女人們極度缺乏令自己滿足的方式，是不會輕易產生的。最後，對於那些打算長久在外廝混的丈夫們，或已經這麼做的丈夫們，我建議，記住薩倫夫人在《花花公子策略》一書中的幾句話：「我的丈夫，」她對她的情夫，一個男僕說，「每天半夜才醉醺醺地回家，像一隻突然被網到的鮭魚一樣，猛地一頭紮到床上，將我從睡夢中驚醒，還不停地打酒嗝，臭氣熏天，然後一翻身，捲走整條被子，鼾聲如雷，直到第二天天明。」

我大約是在四十三年前讀的這本《花花公子策略》，這些話是我憑著記憶引用的，但是，只要我碰到一個喝得爛醉的丈夫時，整篇文章就在我腦海中浮現。如果妻子因此而對丈夫進行報復，即使很過分，如果讓我對進行這種報復的妻子進行評判，我坦言，我會非常寬厚仁慈，因為，這樣的丈夫還有什麼資格期望妻子對他忠誠呢？是你違背了自己的誓言，她又為什麼一定要堅守自己的原則呢？她原以為自己嫁了一個如意郎君，可沒想到結果卻嫁了一個衣冠禽獸。他的行為雖然稱不上觸犯法律，但違背了當初為了獲得她所立下的誓言，因此，從正義的角度來說，他們之間的契約已化為烏有了。

要想避免我前面所提到的悲劇結果，最好的辦法，就是一開始就養成好的習慣。多少丈夫因為嗜酒如命而把自己的家毀了，因此，作為丈夫，從一開始就應控制自己出外飲酒的欲望，遠離那些閒話滋生的酒吧或咖啡館。「千里之堤，潰於蟻穴」，這些悲劇結果也是慢慢釀成的。也許剛開始，你只是經不起誘惑而去喝酒，但是，慢慢地，你就愛上喝酒，喝酒一旦變成你的愛好，那你就無可救藥了。因此，從一開始，就要下定決心，除了工作，或其他必要的應酬外，絕不離家在外虛度一個小時。你有什麼理由捨棄那個你所選擇的終身為伴的妻子和孩子的母親而到外面廝混呢？什麼樣的朋友能比你的妻子更善良、更適宜呢？和什麼樣的朋友能比和你的妻子在一起更舒心、更放鬆呢？此外，如果你捨棄妻子再去尋找更使你愉快的夥伴，你有什麼理由阻止你的妻子也去做同樣的事呢？你有什麼理由到外面去花天酒地、尋歡作樂，而將你的妻子獨自束縛在家呢？

剛結婚的年輕人努力嘗試一下，下定決心不要因受到誘惑而離開家，盡可能地一次也不要無緣無故地離開你們的家。習慣的力量是很強大的，如果你一開始就行為端正，那麼你從中所獲得的幸福快樂會讓你持之以恆。在這裡我要解釋一下，盡量在家陪伴妻子家人，並不是說就要圍著妻子轉，那是另一回事。無論什麼時候，有無孩子，家都是你的。你可能會說，天天在一起，哪有那麼多事可以交流啊？為什麼不聊聊她每天做的事或發生在他人身上的事，特別是那些喝酒閒扯的故事？

那些不喜歡與妻兒坐在自家壁爐前共度閒暇時光的男人們，不願意與妻兒聊天閒談，不願意傾聽妻兒的心聲，卻願意在俱樂部或酒吧聽那些亂七八糟的胡言亂語，他們是什麼樣的男人啊！

誠然，男人們有時不得不白天黑夜地在外奔波。水手、士兵、商人，所有普通的勞動者們，甚至工作在最底層的人，有時也不得不因事因需而被迫離家。但是，即使這樣，你也要養成與家人共享閒暇時光的習慣，你可以做得比街坊鄰居更好。這樣，即使你不得不離開家，也不會給你的妻子帶來傷害，她會認為你已經盡可能地陪伴她了，她已經知足了，雖然她會為你的離開而感到不捨，但是她不會因此而抱怨。如果你不得不離開家，你也一定要盡可能地向她說明情況，她應該全面了解你外出的時間和歸來的日期。如果你的歸期不得不依情況而定，那麼你應該詳盡地告訴她你的情況，因為你沒有權利讓她為你提心吊膽，特別是你的情況很容易讓她擔心的時候。

我可以坦言，在我的婚姻生活中我從來沒有讓我的妻子失望過。如果我的歸期不能確定，我會讓她了解我每天的情況，如果我能確定我的歸期，到了那一天，我一定會回到我妻子的身邊。有一次，我和芬尼蒂，從倫敦到博特利，我們在阿爾頓作了短暫的停留，與一個朋友一起吃飯，這個人與芬尼蒂很能談得來，邊喝邊聊一直持續到晚上十一點左右，就在他準備再開一瓶酒時，我站起來說：「我們必須要走了，我的妻子一定很擔心我。」「天哪，我的朋友，」芬尼蒂說：「你不會讓我們大晚上的回家吧！」

我告訴他，我一定要走，並讓我的兒子，當時和我們在一起，出去叫了一輛馬車。這裡離家有二十三英里遠，路上我們在爭論，科貝特夫人會不會在家等著接我們，我肯定她一定在等我們，但是他卻不相信。當我們到家時，她並沒有睡，還為我們生起了暖暖的爐火。她沒有讓僕人做這些事，僕人和孩子們早已酣然入睡了，而她卻一直在等我們，執行著等待她的丈夫和朋友的責任。「你沒想到我們會回來吧？」芬尼蒂問。而我的妻子說：「我知道你們一定會回來，因為我的丈夫從來沒有讓我失望過。」

如果年輕人知道女人是多麼看重這種忠誠，那這個世界上就不會有不幸的家庭了。我相信，如果你和王侯貴族有什麼約定，你一定不會違背的，那我也可以肯定地告訴你，在這方面，你的妻子和這些王侯貴族一樣敏感。據我所知，有很多婚姻中的不幸，就是因為這些丈夫們太粗心，讓他們的妻子感到對丈夫的行蹤不確定而造成的。而我，從我作為丈夫的那一刻起，就是開始小心翼翼地避免這樣的事情發生。因為沒有人有權利去玩弄那些無辜之人的感情，特別是那個把自己的幸福交到你手中的那個人的感情。實際上，大部分男人都想當然地認為女人的情感都和男人的情感一樣，他們想當然地認為女人也會像他們一樣，對於這樣的小小失望不會放在心上。這就大錯特錯了：女人的情感比男人的情感敏銳得多，她們的愛也更熱烈、更純潔、更長久，對於情感的表達，她們也更直接、更真實。我們應考慮到她們溫柔嬌弱的特點，不應該用任何生活瑣事來煩擾她們的心智。

第四封信　給為人丈夫者的忠告

我們應該看看女人自結婚之日起都犧牲了些什麼。為了兩個人組建的家庭，她完全放棄了自身的自由。自結婚之日起，她就跟隨丈夫去他所喜歡去的地方，過著丈夫喜歡的生活方式；自結婚之日起，她將自己的所有都奉獻給了丈夫，她所有的財富，除非是有法律條文保護的，否則都交由丈夫使用；重要的是，她將她自己完完全全地交給了丈夫。我們應該想一想她們為我們忍受了多少痛苦，她們為了生養下一代所付出的心血；我們應該想一想她們為我們所付出的一切，當我們生病時，她們對我們細緻入微、鍥而不捨，耐心精細地照料著我們；我們應該想一想，當我們不在家時，她們任勞任怨地為我們操持家務，如果我們連這一點都忽視了，那麼我們就太過於麻木不仁了；我們應該想一想，她們是多麼含辛茹苦地為我們撫養孩子，她們對孩子的愛勝過了自己生命；我們應該好好想一想，她們為我們所做的這一切，一個正直坦誠的男人，又如何忍心讓一些平凡瑣事來煩擾她們呢。

有一次，我駕著我的小馬車，行駛在費城附近的一個叫弗蘭克福的小村莊裡，我看見一個小女孩，兩歲左右，蹣跚著從一個小屋子裡出來，走到路中間，躺著晒太陽。小女孩離我大約兩百碼的距離，這時，就在她的前方，停著一個馬隊，五匹高大威猛的馬拉著三輛馬車，車伕們都下車到村裡的一個酒吧喝酒。不知什麼原因，這些馬突然受驚，幾乎齊頭並進地向馬路飛奔而來。我立刻停下我的馬車，準備去救小女孩，但是已經太晚了。就在這千鈞一髮的時刻，一個短工木匠，正在路邊搭棚子，他一眼看見小女孩正處於危險之中，雖然他與女孩的父母素不相識，但是他奮不顧身地從木棚頂上跳下來，衝到馬路中間，就在第一匹馬的馬蹄就要踏上小女孩的那一剎那，他將孩子從地上救了起來。不幸的是，他卻被一條馬腿撞倒了，但是，他穩穩地抓住孩子的衣服，將她往後一拉，然後敏捷地打了一個滾，逃脫了馬蹄的踐踏，安全地脫了身。孩子的母親，正在洗衣服，顯然看見了疾奔而來的馬群，看見孩子生命受到威脅，頃刻之間，衝向馬路，就在木匠將孩子往後抛出的那一瞬間，雙手接住了孩子，發出了我有生以來第一次聽到過的驚叫聲。自此以後，我再也沒有聽到過這種驚叫聲，也不希望再聽到這種驚叫聲。然後，她突然癱倒在地，好像死了一般！不過，過了一會兒，她就慢慢緩了過來。在準備離開的時候，我問木匠是不是已經結了婚，是否已經為人父。他回答說沒有。「那麼，」我說：「你應該受到世界上所有父母的尊重，我也要表達我對你的尊重，我要把能給的都給你。」我把口袋裡全部的十美元都拿出來給他，但是，他卻說：「不，先生，謝謝你，我只是做了我應該做的事。」

很難想像這個世上還有什麼比母愛更勇敢無私。在那些凶猛狂野的馬蹄下，在那馬車的車輪下，那位母親做了她該做的。她奮不顧身，絲毫不顧自己的安危。她接到孩子時的尖叫聲是對她那無以言表的喜悅的表達，她太高興了以至於昏厥過去。在那種危險情況下，可能百分之九十九的母親都會做出同樣的事。世上幾乎沒有哪個女人不是充滿母愛的。因此，順便說一下，如果你遇到的女人不喜歡孩子，切記千萬不能和她結婚。有些人還會信誓旦旦地宣稱她們「不能生孩子」，其實是她們「不能忍受生孩子的痛苦」。我從沒有見過哪個男人會好到喜歡一個不喜歡孩子的女人，我也從來沒見過哪個不喜歡孩子的女人能有什麼作為。

有的人認為喜歡孩子的男人缺乏男子漢氣質，據我觀察，事實正好相反。軍隊中的士兵，形形色色，是一個研究人物性格的不錯的地方。士兵們也有休閒時間，他們也會和孩子們玩耍，也會和如那句著名的諺語中提到的「女人和狗」一起消磨時光。當他們與孩子們一起玩耍時，我從未發現他們失去一絲一毫男子漢氣質。這種對孩子的喜歡源自他們對那些無助的、純真的小生命的同情與憐憫。就我個人，我已經記不得我抱著我的孩子度過了多少個日月！當我在家的時候，我的時間，主要都用來寫作與陪伴孩子。雖然我家裡有專門照顧孩子的僕人，但是只要我在家，我就會給他們餵飯，抱他們睡覺。即便如此，我也沒有失去男子漢氣質，我既沒有虛度我的時光更不是在浪費時間。但是如果我不喜歡孩子，而是喜歡咖啡和紅酒，那才真是在虛度時光和浪費時間。

有一句古老的俗語：「讚美孩子就是對其母親最好的愛。」這一點不假。沒有什麼比讚美一個孩子更讓其母親開心的了，孩子越小，母親越喜歡他人的讚美。如果你只對母親甜言蜜語，而忽視她的孩子，她反而會心中不悅。我知道，很多女人都喜歡自己的孩子受到讚美，作為丈夫更不應該忽視這一點，因為妻子都希望自己的孩子能得到他人的喜愛，特別是得到自己丈夫的愛憐。我們部隊裡有一個諾福克人，來自塞特福德，是一個名副其實的酒鬼。我記得，他說過，他的妻子對他說：「我們的孩子長得很醜陋，但是只要你願意親親他，並稱讚他長得很漂亮，你就是把家裡所有的錢都花在喝酒玩樂上，我都會原諒你。」雖然這是一個放蕩不羈的人，但是他有他的人生觀。很顯然，從孩子一出生，丈夫們就對孩子疼愛有加，才真正稱得上是幸福婚姻。

雖然前面的內容主要集中在丈夫應如何善待自己的妻子方面，但是丈夫也應得到妻子忠誠的回報。丈夫不是妻子的奴隸，他不能為了妻子而放棄自己的原則和理性。遵循丈夫一切合理合法的要求，是做妻子的義務。作為一個通情達理的妻子，應該認識到，如果丈夫完全由你操縱控制，對丈夫來說，是一件恥辱丟臉的事。你應時刻提醒自己，結了婚，就相當於有了一個約定。

對於妻子放蕩、酗酒、通姦等惡劣至極的行為的處理方法，我稍後會談及，我們總是習慣於在忍無可忍的最後一刻，才會採取令人不快的措施。但是，即使妻子沒有這些惡習，她們的一些錯誤，如果不及時給予糾正，也會給婚姻帶來不幸，會給丈夫和孩子的利益甚至性情帶來極大傷害。而丈夫就應該承擔起糾正妻子所犯錯誤的責任。有的妻子純潔穩重、勤儉節約、乾淨樸素，全心全意地為丈夫和孩子付出一切，從而也得到丈夫和孩子無以用語言形容的愛的回報。但是，可能是受天生脾性的影響，也可能是因為自認為自己勞苦功高而驕傲，或者是因為她害怕感情會受到傷害，因此，所有這些因素都可能使她肆意妄為地干涉丈夫的大小事務，試圖完全以她自己的方式對丈夫發號施令。為了使丈夫對自己言聽計從，她可能會察覺不到自己的愚蠢莽撞、蠻橫無理；她可能會覺察不到已經將自己的丈夫推向了被人看不起的地步。作為妻子，本應尊重丈夫，對丈夫的貶低也是對自己的貶損。

一個唯命是從的丈夫，是天底下最可憐的人。沒有人敢信任他，無論他是員工還是老闆，都不值得信任。對於這樣一個男人，沒什麼事是可以說一不二的，沒什麼約定是神聖不變的。面對妻子凶悍強勢地對他的一切指手畫腳，他卻如蘆葦般柔弱無力。如果有人在左鄰右舍眼裡是這樣的男人，是沒有人願意與他結交朋友的。這樣的男人，雖然衣冠楚楚、學富五車，但卻是最奴顏媚骨、卑鄙低劣之人。據我所知，不知有多少男人，多少個家庭，僅僅是因為丈夫不堪忍受妻子，甚至是一個善良的妻子的壓制、威逼、恐嚇而最終家毀人散！

當女人將自己的權力上升到「他不能如何如何」，那她與丈夫之間就是典型的「獨裁與奴役」關係了。因此，從一開始你就要仔細觀察，謹防這種現象侵入你的婚姻生活。妻子的這種行為不是一朝而就的，而是悄無生息地慢慢形成的，因此，你一定要有一雙能敏銳地發現這種苗頭的眼睛。一旦你察覺到你的妻子有這樣的傾向，你應當機立斷，立刻制止這種傾向的惡性發展。

要制止這種傾向，可能一開始是痛苦的，但是你應該明白長痛不如短痛的道理。多少男人，僅僅是因為無法下定決心忍受一時的痛苦，結果卻使自己和妻子悲慘痛苦地生活一兩年。誠然，要做到這一點，你需要承受很多，去挫敗你深愛著的妻子的願望，需要很大的勇氣，因為妻子每天為你辛苦操勞，你當然會於心不忍。

但是，當孩子生病時，她也會強迫孩子喝下那難以下嚥的藥，即使她心疼流淚，孩子的每一聲哭泣都像是一把尖刀一樣紮在她的心頭，但是，為了孩子，她也有足夠的勇氣去做（這也是母愛中最難能可貴的一點）。制止她完全駕馭你的行為，是你對她，對你自己及對你的孩子的重要而神聖的責任，你為什麼會退縮呢？

我是在向你建議使用家庭暴力嗎？我是在建議你無視你妻子的意見和願望嗎？我是在暗示你的妻子不值得信任、無權過問其丈夫的事情，讓你提防她嗎？不，絕不是。相反，雖然我前面提到的都是妻子性情跋扈的一面，但是，如果沒有妻子的相伴，我相信我們也一定不會有美好的生活。

讓我來談談，在處理夫妻意見不一致時，男人應該如何決策。當一個妻子想堅持自己的意見，並且很難得以實行時，或當她認為她需要召集她所能召集的所有人來幫助評理時，她會讓她丈夫的朋友們為她說話。「我丈夫是這樣認為的，而我卻是那樣想的，湯姆金斯先生，難道我不對嗎？」他當然肯定會說她是正確的，詹金斯先生也會這樣說，威爾金斯先生、迪金斯先生都會說同樣的話，那時你真懷疑這些人什麼時候都成了她的人了。

她這樣做的確十分幼稚。這些「殷勤順從的親戚們」沒一個希望這樣的事發生在他們自己身上。對女人的主張或意見表示贊同，特別是在夫妻之間意見發生衝突時，是一種流行趨勢。但是，這種贊同並不意味著接受她的想法。

大約五年前，一位紳士打算給他的大兒子置辦一個農場。他的大兒子大約十八歲，非常懂事。孩子的母親，一位善良明事理的女人，卻希望兒子能從事法律行業。當時他的家裡有七八個知交，都不約而同地贊同其妻子的看法，認為讓「受過如此良好教育的」大兒子哈里埋沒於農場中，確實非常可惜。這時，妻子非常誠懇地問我：「科貝特先生，你不這麼認為嗎？」「嗯，夫人，」我說，「我認為，就此事，孩子的父親已經做出了最好的也是最正確的決定，我現在再發表我的意見，特別是發表相反的意見就太顯放肆了。」她是一個非常知性端莊的女人，我對她非常尊重。令我欣慰的是，我聽說最後哈里還是聽從了他父親的話「埋沒於農場中了。」

一個內部不和的家庭是不可能長久的。作為丈夫，首先應該聆聽妻子的想法，並且要耐心地傾聽，如果可以，對她曉之以理，說服她接受你的意見。對於一些可以商量的事情，如晚飯吃什麼，房子應該如何裝修，如何管理家中事務和僕人，或其他一些平凡瑣事，即使按照妻子的方法去做也未嘗不可。

在有的問題上，特別是在選擇與你交往的朋友方面，丈夫還是應該認真傾聽妻子的意見。女人在這方面總是比男人更敏銳，她們很少受到第一印象的束縛，她們會用審視的耳朵去傾聽他人的每一句話；她們會用犀利的眼睛來觀察他人的言行，她們能看出特定場合中他們的偏見。妻子對你朋友的認可與反對，值得你深思，不可忽視。盧威特，布里索派一之一，在羅伯斯庇爾統治時期，一直過著四處逃亡的生活；這個盧威特，寫了一本名叫《危險人物》的書，他的描寫使我第一次改變了對危險的認識，危險已不再是費城發生的黃熱病那麼簡單了，即使這本書我讀了很多遍，但是我依然很著迷。這個作者，敘述了他自己所遇到的驚心動魄的危險，以及艱難脫險的過程。他在從波布里索派（Brissotin），也稱吉倫特派（Girondin），是溫和的共和派，其中很多人原是吉倫特省人。在法國大革命期間，他們從一七九一年十月至一七九二年九月控制立法議會，因是布里索（Jacques-Pierre Brissot）的追隨者，起初稱布里索派，以激烈抨擊宮廷的姿態出現。

爾多附近逃往巴黎的路上，沒有合法的護照，還瘸著腿，但是最終爬進了法國利穆贊市一個小鎮的酒吧裡。主人問他是誰，幹什麼的，從哪裡來，他都一一做了回答。

但是這家店的女主人，從他一進屋，就用一雙犀利的眼睛打量著他，然後她悄悄地對一個小男孩說了些什麼，小男孩立刻跑出酒吧。不一會兒，他就和小鎮的鎮長一起回來了。盧威特很快就發現，鎮長對他並沒有產生威脅，因為他並沒有看出他的護照是偽造的。於是鎮長便坐下來喝酒，也就不再細究了。當女主人看到這一切後，悄悄地溜出酒吧，又帶回來幾個參議員，要求查看盧威特的護照。

「哦，好的，不過，來，先喝杯酒再說。」

喝得半醉的鎮長和大家一起說說笑笑，盧威特手裡拿著護照，但是卻一直沒有打開，也和大家一起喝酒說笑。就在大家又乾了一杯的瞬間，他把護照悄悄地塞進褲子後面的口袋裡。這一切女主人都看在眼裡，並且非常氣憤。

最後，喝得大醉的鎮長、參議員和店主，與盧威特握了握手，並祝他旅途愉快，還肯定地說他是一個正人君子。但是，在書中，盧威特說：「那個眼光犀利的女人，根本不相信他所說的一切，一眼就看出了他的沮喪和苦惱。」自此以後，我經常想起這個故事來，並且親眼見證了女人敏銳的洞察力。

下面我要談到的話題也是非常重要的，同時是婚姻生活中最大的麻煩，也是家庭生活的毒藥——嫉妒。就從我妻子的嫉妒心說起吧。有嫉妒心是令人遺憾的，有時甚至是致命的。一旦你的妻子有這方面的傾向，那麼是很難阻止的。有一種方法可以防止嫉妒心的產生，那就是不要給她嫉妒的理由。就這一點而言，作為丈夫，僅僅是恪守你的結婚誓言是不夠的，你還應該竭盡全力避免讓她心中產生哪怕是一點點懷疑，要使妻子的內心保持平靜，你就必須做到正直仁慈。一個深愛著自己丈夫的女人，是不願意與別人分享這份愛的，哪怕是很少的一部分也不行，百分之九十的女人都是這樣，她們不願意與別人分享的不僅僅是丈夫的感情，還有丈夫的殷勤與讚美。

在我結婚後的兩三年中，我依然保留了在部隊時的社交習慣，並且在法國和美國與許多女孩交往密切，直到有一天，在費城，我的妻子很有禮貌地對我說：「以後不要再和那些女孩密切交往了，我不喜歡你這樣。」她這樣說給了我警醒，因為我以前從來沒有考慮到這樣做帶給她的感受。我愛她勝過一切，世界上沒有哪個女人能取代她在我心中的地位，我相信她也明白這一點。但是我現在知道，她所需要的還不止這些，她不希望存在任何能使其他女人從我這裡得到絲毫感情誘惑的機會。

我請求剛剛結婚的年輕丈夫們謹記這一點，這樣的小事處理得恰當與否，直接關係到你以後的生活是幸福還是痛苦。如果妻子懷疑你有拈花惹草的問題，你一定要想盡一切辦法讓她放心。即使她的懷疑是毫無理由的，即使她像一個瘋子一樣蠻橫，即使她的懷疑既荒唐又讓你憤怒，你也要以最仁慈、最溫柔的方式來對待她，因為，如果你做不到這一點，那麼不幸就會隨之而來。不要把這種嫉妒心當作一種錯誤來懲罰她，應該將心比心。

對於那些對妻子懷有不公正的猜疑卻想方設法表明自己的懷疑正確的丈夫們，對於那些利用這種猜疑而譁眾取寵的丈夫們，對於那些惡化而非緩和這種猜疑的丈夫們，我無話可說，他們不配得到我的任何建議。而對於其他人，下面我給提出一兩點建議以避免夫妻間出現猜疑或不信任的現象。

首先，沒有哪個禮節或哪則條例規定，在男女混合的場合，妻子不能和別的男人同坐在一起，也沒有規定，當丈夫不在時，妻子不能由丈夫以外的男人攙扶上馬車。

對於年輕人，特別是那些擁有一位美麗妻子的年輕人，我建議你，不要讓你的妻子在其他男人面前感到不安，不要在公共或正式場合下，將你的妻子從他人面前帶走，更不要只允許她和女性為伴或交流。我從來沒有發現哪個有教養的人，明目張膽地將他的鼻子湊到我妻子的臉上，對她胡說八道。

不讓妻子嫉妒的最有效的方法，是透過你的言語，特別是你的行為來向她證明，在這個世界上你只愛她一個人。正如我前面所述，要想證明這一點，你就應在你所有的休閒時間陪伴在她身邊。人人都知道，對於年輕的妻子，如果可以，應該讓她們去她們最喜歡的地方，讓她們與她們最喜歡的人為伴。

無論何時，當需要你對妻子表現出關心時，你就應對她關心，尤其是當她生病的時候，無論是什麼原因引起的病症，你都要對她關懷備至。對於那些妻子因為生病而危在旦夕，但是作為丈夫的卻不聞不問的人，不配得到我的任何建議；不幸的是，在我的一生中，我就遇到兩三個這樣人面獸心的傢伙。當男人生病的時候，也會因為被忽視而倍感痛苦，更何況是女人，她們的情感一般情況下要比男人敏感得多。如果在她們生病的時候，沒有人關心，特別是得不到丈夫的關心，她們會是什麼樣的心情！

我希望，你的內心會告訴你她們是什麼樣的感受，這樣我就沒必要浪費筆墨再進行描述了。如果你確實深切地理解她們的心情，你一定會理解，我為什麼會讓你在這樣的時候、這樣的情況下，用最善意的語言和最體貼的行動來證明你對其感情的忠貞不二。你應明白，此時此刻，你在她心目中留下的印象才是最真實的，這種印象也將會持續很久。如果此時給她留下的是溫暖美好的印象，那麼這是避免使她產生嫉妒的最好砝碼，比你在其他時候努力一千倍還要有效。此時此刻，你就應不惜花費一切為她治病，絕不可吝嗇，因為，如果你不把錢花在治病救人方面，錢還有什麼意義呢？

當然，此時此刻，對你的妻子而言，最重要的還是你對她的關心呵護。此時，你的關心呵護是無可比擬的，是對病人最好的安慰，也是最有效地證明你忠誠的方法。此時，你能為她做的事，就不要留給別人去做。記住，身體的疾病與人的心情有很大的關係，只要你此時付出一點，那麼你將會得到豐厚的回報。當然我不能把這些強加於你，因為，病榻上的女人是沒有什麼吸引力或誘惑力的，女人也深知這一點，但是，她們卻會觀察你的一言一行，而此時，你的一言一行，也就決定了她對你一生都充滿信心，還是從此對你的感情產生懷疑。

對妻子心生的嫉妒不以為然，當作荒誕無稽之談的丈夫，我禁不住對他們感到厭惡。誠然，男人對感情不及女人對感情的不忠那樣讓人痛恨，但是，難道這就意味著婚姻誓言毫無價值了嗎？難道結婚時所許下的莊重誓言，就毫無意義了嗎？難道違背婚姻誓言，作為男人就不應該感到羞恥嗎？除此之外，你對妻子的不忠，本質上是一種極其殘酷的行為。因為，你經過千辛萬苦贏得了一個女人的感情，然後，為了得到她這個人，你和她結了婚，最後，你在享受過和她在一起的快樂後，就打破誓言，把她置於被人憐憫和嘲笑的境地，然後，你離她而去，讓她過著痛不欲生的生活，這難道不是一種殘酷的行為嗎？

謀殺當然要比你的這種行為可怕得多，但是，你的這種行為的危害卻是其他犯罪行為都不能及的。從理性與道德正義的角度來看，對妻子不忠，是最惡劣的罪行。你可能會以感情為藉口為自己辯護，但是無論是什麼樣的罪行，犯罪的人都是有罪的。雖然對妻子不忠這種罪行並沒有違反法律，也不是以獲得某些必需品為動機，但是這也是罪惡。你可能會說這樣做是因為沒有抵制住誘惑，那麼偷竊、搶劫這些罪行不也是因為沒有抵制住誘惑嗎？總之，對於這種不道德的行為，是沒有藉口可以為之辯護的，這個世界會對此進行公正的評判。據我所觀察，雖然人們都會嘲笑不忠的男人，但是這樣也會給當事人帶來傷害，嘲笑過後，自然會給那些看重身分和麵子的人留下汙點，有時甚至會給他們帶來毀滅性的傷害。

即使沒有嚴重的傷害，至少也會給家庭帶來不快和無休止的爭吵。孩子們也會因此而鄙視或憎恨他們的父親，無形之中也給孩子們樹立了一個不好的榜樣，其結果會讓做父親的不寒而慄。在這樣的情況下，孩子們一般都會，也應該站在母親這一邊，畢竟她是受傷害的一方。你的行為不僅僅給你的妻子帶來了恥辱，同時在某種程度上，也給你的孩子們帶來了恥辱，他們會感覺受到了不公正的對待。這樣的人，當他兩鬢蒼白，步履蹣跚，說話聲音也變得顫顫巍巍時，身邊卻無依無靠，孤苦一人，他就能體會到，自己朝三暮四，對當初他曾經立下莊重誓言要鍾愛和珍惜一生的女人不忠的應有下場。

因此，嚴格遵循婚姻誓言，是作為丈夫的責任。如果他違背了他的婚姻誓言，那麼必然會遭受不好的後果，而作為一個妻子，又要有多少義務，才能做到絲毫不違背婚姻誓言啊！如果一個男人出了軌，會給無辜的家人帶來恥辱，可是如果一個妻子行為不檢點，又將會給家人帶來多少恥辱和痛苦！她的父母、她的丈夫、她的親友、她的朋友都會因她而備受羞辱，當然，還有她的孩子們！

她又該如何向她的孩子們贖罪呢！孩子們所受的教育是要尊重自己的父母，但是，一個對婚姻不忠的母親，相反，從孩子們那裡得到的只有憎恨、厭惡和詛咒。是她，是她自己違背了自然規律，是她，是她自己讓她的孩子們蒙羞，是她，是她自己在她自己的身上打上了恥辱的烙印。同時她也失去了其作為女性的本性，並使那些曾經會用一生去愛她的人對她產生憎惡。

由於這種對婚姻不忠的罪行是如此可憎，而相應的懲罰又是如此嚴厲，發生在妻子身上和發生在丈夫身上同樣受人唾棄。男人對於妻子出現不軌行為應謹慎行事，在沒有掌握確鑿證明之前不要輕易懷疑，產生了懷疑的想法是思想上不幸的轉變，實際上沒有什麼人比一個猜疑心重的丈夫更讓人生厭了。一個有志氣的女人寧可透過洗衣、割草來養活自己，也不願終身和這樣的人生活在一起。因為和這樣的人在一起，生活中永遠不會有一刻的安寧。丈夫毫無根據的猜疑，在孩子們的眼裡，可能就成為事實了。

因此，作為丈夫一定要認真地扮演好自己的角色！首先自己要做到對婚姻忠誠，同時，不能給妻子以任何藉口或誘惑對你不忠。如果你冷漠無情，如果你生活邋遢無規律，如果你花天酒地不著家，如果你隔三差五地將不三不四的朋友帶回家，如果你無休無止地聚會、娛樂、休閒、吃喝，如果是你養成了那種所謂的「合法的自由」的習慣，那麼，所有這一切，都是你的錯，你就應承擔其後果，你也無權去責備或抱怨妻子的行為，因為這都是你一手造成的。

一個人一生的幸福和成就在很大程度就取決於他的思想不受此類事情的干擾，

有時即使非常小心也不能完全避免這樣的事。我再次重申，想要避免這種事情的最好方法就是，年輕的夫妻們都盡可能地在一起度過自己的休閒時間，盡可能少地將外人帶回家。如果夫妻雙方都不喜歡彼此為伴，如果夫妻雙方都已對彼此感到審美疲勞，如果他們對因為出差或其他原因分開後的再次重逢，已失去了喜悅之情，那這些都是不好的兆頭。年輕的時候，切記不可嫉妒。

生活中每一個小小的爭執都有可能導致夫妻雙方分道揚鑣，有時甚至一句魯莽的話就夠了。若要終身維繫婚姻，就要避免爭執，因為爭執必然滋生憤怒。如果將一匹套有繩索的馬關進一個四周是木柵欄的馬圈中，四周是美麗的牧場，這匹馬，就會想方設法掙脫繩索，離開馬圈。而如果將這匹馬關進一個四周是牆的馬廄中，牠會充分地享受這有限的空間，安安心心地吃草睡覺。

誠然，婚姻生活中少不了艱難困苦，難道單身生活就一定安逸舒適嗎？想一想，你過的是什麼樣的生活啊！你如果不離家，或不把別人帶回家，就沒有人與你交談，沒有朋友與你坐在一起談天說地，沒有人與你一起度過愉快的夜晚！沒有人會分享你的悲傷與喜悅，沒有一個與你心靈相通的人，身邊都是需要你照顧的人，但是卻沒有人在意你，當你失意的時候，沒有人在你身邊鼓勵你。總之，一句話，沒有一個愛你的人。雖然你有父母兄弟姐妹，但是他們還要料理他們自己的生活，無論你作為兒子兄弟受到他們多麼好的稱讚，但是這種情感都是無法與夫妻之間的情感相比的。此外，作為一個男人絕不會放棄對成就的追求。

一些歌曲中唱到，單身漢的生活是「自由自在，無憂無慮」的。但是據我的觀察發現，事實恰恰相反。單身漢沒有一個他可以時時刻刻並終生依賴的人。當他不在家裡，就會產生已婚男人所沒有的擔心。就像一個普通士兵一樣，他所擁有的僅僅是一個棲身之所，一堆衣物，但是，如果他有一個家的話，他會擔心家裡的安全，這種不確定性是使他不能快樂的最大因素。至於生活效率，單身漢怎麼能和結過婚的人相比呢？養活妻子和孩子是已婚男人進步的最大動力。許多自由散漫的人，當看著孩子們在他身邊慢慢成長時，就會變得積極勤勞；許多游手好閒的人，為了得到別人的愛，即使不會變得聰明伶俐，至少也會變得忙碌起來。

可能這個世界上再沒有誰比我更能這證明這一點了，我可以毫不猶豫地說，如果我不是一個結了婚的男人，我就不可能有現在的成就。在我年輕的時候，我就像大部分單身漢一樣自由散漫、無拘無束。我本來也會像那些單身漢一樣對成家立業毫無興趣，我本來也會把我的大部分時間都浪費掉。但是當我成了家之後，當我有了家做我的後盾之後，我才真正有了快樂時光。我克服了種種顧慮與擔憂，努力為維持這個家而勞作。後來，我們有了孩子，他們激發我變得更加勤勉，不斷地鞭策著我。當然，我發憤也有其他動機，我為了名譽而寫作，同時也為了戰勝虐待我的敵人的願望而寫作，但是，我的絕大部分作品都要歸功於我的妻子和孩子們。

由於我熱愛軍旅生活，我可能會因此受傷、勞累，也有可能由於那些傲慢自大的蠢人們的迫害，早在十年或二十年前就已經結束生命了。是愛情將我從這種奴隸般的生活中拯救了出來，使我有機會能完全支配自己的所有時間，使我像浮動的空氣一樣自由；解放了我思想中的所有約束，並且，在我休閒的時候，給了我一個伴侶，她雖然剝奪了我那些所謂的學習時間，但是她卻是一個知性善良、天真純潔、言行舉止大方正直的一個人，對我和孩子是無私的關愛。此外，她又是如此美麗健談，聲音甜美悠揚。我想我如果不好好珍惜上帝賜予我的，那我就是一個罪人。我經常說，如果我的國家因為我所做出的成就而感激我，那這份成功也有我妻子的一半。

「艱難困苦！」有誰經歷的苦難有我多！我頻頻受到迫害，我的勞動成果不斷地被他人所剝奪。在這樣的困難日子裡，我的妻子從來沒有皺過一次眉頭，從來沒有表現出憂鬱愁悶，更沒有怨天尤人，她總是面帶微笑，以她自己非凡的勇氣來鼓勵支持我。在她的言語或行為中，從來沒有透露出一絲後悔。對我來說，我經歷了什麼樣的「艱難困苦」？對我來說，還有什麼能稱得上是「艱難困苦」？

那麼我現在是什麼樣的情況呢？六十四年以後的現在，是什麼樣？如果我沒有妻子和孩子們，我的生活又會是什麼樣？也許我存了一大堆錢，但是這些錢對我來說有什麼意義？在我看來，這個世界上沒有什麼人比當一個老單身漢更悲慘可憐的了。

在結束這部分之前，我還是禁不住想談談，在處理財產方面丈夫對妻子應有的責任。當婚姻透過契約、合約以及律師確定之後，對丈夫進行了種種約束，因此，沒有必要立什麼遺囑。但是，當到了他該立遺囑的時候，他即將離他的妻子而去，妻子忠心耿耿地和他生活了一輩子，因此，在這時候，他所要做的第一件事，就是要盡他最大可能為妻子的將來提供充分的物質保證。結婚時，妻子沒有給他帶來什麼錢財，但是卻把她本人交給了丈夫，也就在這一刻，她終生都應得到你的保護。有人認為，同時也是那樣做的，他們認為妻子結婚時分文未帶嫁過來，丈夫的錢都是透過自己的工作或勞動而獲得的，因此這些錢都是屬於丈夫而非妻子的，因為她並沒有做任何事情來賺這些錢。這種想法公正嗎？結婚的時候，丈夫慷慨激昂地宣誓要如何如何善待妻子，而當妻子將自己本人完全交給他之後，他就完全忘記了自己的誓言。難道丈夫賺得的這些錢中就沒有妻子的功勞了嗎？

對於農夫或商人，他們的妻子的確沒有親自去犁過地、播過種，她們也沒有到市場上去銷售或採購過什麼東西，她們也沒有親自去過集市或市場辦理事務，但是她們卻在家裡為丈夫順利做成這些事提供保證，守護著財產，保存了那些可能會丟失的東西。就像穀倉和糧倉一樣，它們雖然什麼也沒有創造，但是，它們卻為我們儲存了糧食，像農田一樣，為我們能吃到糧食提供了保證。妻子雖然沒有在丈夫的辦公室中幫忙，雖然沒有去什麼交易所，甚至都不知道丈夫做的是什麼，但是她卻為他把家收拾得井井有條，為他哺育了後代，為他和朋友們交流提供了舒適的場所。是她，在他工作勞累一天後，使他能安心舒適地休息；是她，使他有一個快樂的家；是她，是他財富的守護者。

無論是妻子幫助丈夫獲得財富，還是妻子沒有親自為丈夫獲得財富，無論收入是在不斷下滑還是固定的，妻子都是保證財富不會被浪費掉的那個人。因此，丈夫的財富也是妻子的。

「一個孤單的女人總是需要一個保護者，一個孤單的女人無法管理其財產，一個孤單的女人無法做好自己的事情，一個女人總是要給她的孩子一個完整的家。」

所有這些藉口根本都不值一提，難道為了這些藉口，就需要將你這個人都交給另一個人嗎！如果我們認可這些藉口，那麼這對於那些恪守婦道的女性，甚至對妓女來說，又有什麼公平可言呢？這些不幸的，但又墮落低賤的人是不應該找什麼理由的，雖然她們也只是為了能夠暖衣飽食，但是也不能以此為藉口。

一個人在作出選擇時，再有遠見和再審慎的人，都不能肯定其結果一定是令人滿意的！在賓夕法尼亞州，有一個年輕人，為人和善，家境殷實，娶了一位同齡中最美麗的姑娘為妻，妻子純潔無瑕、端莊賢淑，父母也是富家大戶。

但是，不幸的是，這個年輕人很快染上了賭博酗酒的惡習，從此對工作和家庭不聞不問。僅僅不到四年的時間，他就花光了自己所有的財產，和妻子以及三個孩子靠著岳父的救濟而過活。揮霍浪費還不要緊，最可恥的是他還過著花天酒地的生活，他不斷地伸手要錢，來滿足自己荒淫墜落的生活。

所有試圖挽救他的方法都成為徒勞，這個無恥之徒，利用妻子對他的感情、利用他對孩子的權威，不斷地掠奪其父母的錢財，持續了十幾年，不斷地給這些他本應給他們帶來幸福的人帶來恥辱。最後，一天晚上，在一支小船上，他喝得酩酊大醉，不幸落進了特拉華河，成為了水獺和魚蝦的腹中餐，除了她溫柔的妻子之外，其他所有聽到這一消息的人，反而都感到高興。我再也想不出比這樣的人更可鄙的人了，這種人甚至比強盜還卑劣。

那些搶劫的人，公然地違反法律，即使他們的行為應該受到處罰，但是與那些給自己的妻子、孩子還有岳父岳母帶來恥辱的男人相比，他們的行為倒不顯得那麼卑鄙可惡了。像這樣的情況，越早結束越好。對於這樣的惡棍應及早處理，借助於法律強大的臂膀，將他當成一隻瘋狗趕出家門。記住，像這樣無恥無情的人是永遠不會悔過自新的，你的所有勸說都是徒勞的，他的誓言承諾都只是空話，你所有為他掩飾的努力都只會延長他對你的欺侮，有多少父母就是毀於自己的心慈手軟，事實真相最終會被世人所知，所以最好是在你被摧毀之前而不是完全被摧毀後才讓世人了解真相。

我希望那些讀了本書的人能夠避免出現這樣的事；我希望讀過本書的年輕人能夠遠離那些導致這種惡果的惡習；我希望這些年輕人在許下其婚姻誓言時，能夠認識到履行這些誓言所應承擔的責任；我希望這些年輕人能夠抑制住那些會給深愛他的人帶來傷害的種種誘惑；我希望這些年輕人永遠謹記，一個糟糕的丈夫永遠也不可能成為一個快樂幸福的人。

第五封信　給為人父親者的忠告

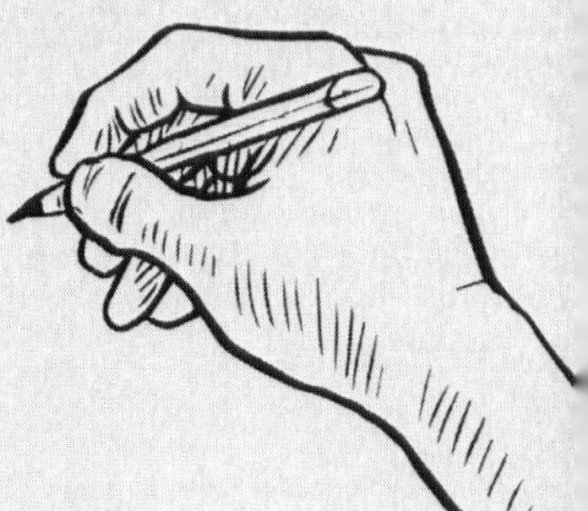

《聖經》中說：「少年時所生的兒女，就好像勇士手中的箭。」這句話強有力地描寫了一幅美麗的畫卷：一個子女滿堂的父親所能得到的無限力量和支持。得到孩子庇佑的父親，有了孩子的支持，怎麼能體會不到這種在其他人那裡得不到的支持和信賴呢？孩子對父親的這種支持是不摻雜任何懷疑、擔憂和質疑的；在孩子的身上你才可以看到真正的自己，他們給你的青春帶來了最偉大的無以言表的喜悅，你年輕時，他們是你的驕傲，你年老時，他們是你的依靠。

他們是愛的天使，是語言和文字無以描述的快樂的使者和福音。

但是，如果要想得到孩子們的祝福，你首先就要做好一個父親。因為，如果你對孩子漠不關心、粗暴無情，就會形成惡劣的榜樣，那樣你得到的就不是祝福而是詛咒了，那樣，他們給你帶來的不再是快樂而是痛苦。你看到他們時也不再是興奮激動而是悲哀難過了，待到你頭髮花白、老態龍鍾時，他們不會為你養老送終，反而會將你殘忍地推向墳墓。

因此，扮演好一個父親的角色是至關重要的。從一開始你就要在孩子面前樹立好一位父親的威嚴。此外，最重要的是，你要確保他們能得到他們母親無盡的愛。做到這一點，你首要的責任就是要確保孩子們能吃自己母親的乳汁，母親的乳汁是為他們而生的，這也是他們與生俱來的權力。如果由於種種原因，孩子得不到母親的乳汁，只能以其他東西代替。

首先，作為父親，你應該清楚，世界上沒有什麼食物比母親的乳汁更適合孩子。母親的乳汁是天生專為嬰兒定製的食物，母親的乳汁是隨著孩子的出生而產生的，並且也剛夠孩子食用。孩子吮吸乳汁時，母親可能會感到疼痛，但是這種疼痛是喜悅並快樂的疼痛。提到給孩子餵奶，沒有哪個母親比我的妻子遭受的痛苦更多。不知有多少次，當孩子開始吮吸乳汁時，我看見她疼得緊咬著雙唇，眼淚不斷地沿著臉頰流下來。然而，疼痛過後，妻子就微笑起來，擦乾眼淚，用無數個親吻來懲罰小傢伙帶給她的疼痛。

為此，我對她的愛怎能不越來越深厚？我怎能不將她牢牢地系在我的心中？她是為我忍受這些疼痛的。在我眼裡，這個世界上最美麗的畫卷莫過於一位母親托著她白白胖胖的寶寶，微笑著看著寶寶吮吸乳汁，時不時地俯身親吻寶寶。那麼，作為孩子的父親，看到這一幕，將是怎樣的心情啊？

另外，吮吸母親的乳汁成長，對孩子會產生極為美好的影響，難道我們忍心剝奪孩子的這一美好嗎？孩子們相繼出生，他們用他們的眼睛觀察著母親為他們忍受的疼痛，母親給予他們的關心和愛撫，因此他們會本能地熱愛他們的母親。深深地依戀母親是孩子們的天性。正因為如此，到了母親教育孩子的為人處世時，孩子早期的這種對母親深厚的愛戀會造成很大的正面作用。

所有有關她害怕疼痛或缺乏勇氣的藉口都是無稽之談：作為女人，她在享受快樂的同時忍受著痛苦，難道我們沒有聽到母羊咩咩地呼叫她的小羊羔，可是當把死去的小羊羔的皮或血放在她面前時，她就會安定下來，至少會平靜下來。

你知不知道，讓一隻母羊或母牛去給異類的小動物餵奶是多麼困難；你知不知道，一隻溫順的母雞為了保護自己的小雞時會變得異常勇猛；你知不知道，一隻母雞在自己的雞寶寶沒有吃飽之前，絕不會吞吃一口寶寶的食物；你知不知道，為了保護牠們的鳥蛋，野鷹們有時會飛向遠處的獵人，在他的頭頂上空盤旋尖叫，牠們甘願冒著死亡的危險暴露自己；那些了解這些故事的人，一定會質疑是什麼樣的動機會讓一個母親忍心將自己的孩子丟棄給其他人呢？

談完這一話題，我很高興能談談孩子的問題。我在此所要談論的問題不存在任何歧視偏見、矯揉造作、妄自尊大、虛情假意，每個人都會支持我（除了那些鐵石心腸的人之外）。「有人帶著小孩子來見耶穌，要耶穌給他們按手禱告，但是遭到了門徒們的譴責。耶穌說，讓小孩子們到我這裡來，不要禁止他們，因為在天國，都是這樣的人。」一個不喜歡孩子的女人根本不配做一個母親；但是，男人呢，當你要成為一個如此弱小無助、如此天真無邪的小生命的父親時，什麼樣的男人的內心不會變得軟弱？什麼樣的男人不會變得溫柔？什麼樣的男人還會是鐵石心腸？

被譽為最能闡釋人性的莎士比亞說過：「靈魂中沒有音樂的人或者不喜歡音樂的人，最適合去做殺人犯、賣國賊、陰謀家、掠奪者。」在公共場合稱他為「我們不朽的大詩人」，但是卻在私下嘲笑他的謝里丹說：「我們不朽的大詩人」似乎忘記了沙得拉、米煞、亞伯尼歌[1]就是在短號聲、長笛聲、豎琴聲、低音喇叭聲、揚琴聲中以及各種音樂聲中被扔進了火熱的熔爐中的（熔爐的溫度比平時高了七倍）。他似乎忘記了，施洗約翰[2]正是因為希律安提帕設計讓女兒獻歌獻舞，才慘遭斬首的；他似乎忘記了，當羅馬處在熊熊大火中時，暴君尼祿卻在拉著小提琴。他也許不知道，當食人族在烤食人肉時，通常會載歌載舞，但是他應該知道，不，他一定知道，英國最殘忍的暴君亨利八世將托馬斯·克倫威爾被送上斷頭臺時說：「天

1 《聖經》中人物，因違背尼布甲尼薩的命令而被扔進烈火窯爐。
2 因他宣講悔改的洗禮，而且在約旦河為眾人施洗，也為耶穌施洗，故得此別名。

國的音樂之聲縈繞著他那可愛的靈魂。」與此同時，這位殘忍凶狠的暴君下令將天主教徒和新教徒背靠背地綁在同一根柱子上，然後將這根柱子拖到史密斯菲爾德，在那裡將他們全部燒死。莎士比亞一定知道這些故事，因為他就生活在那個時代。如果他生活在我們這個時代，他一定也會發現有許多被音樂之聲所縈繞著的「可愛的靈魂」，可能不至於像上述那些人那樣血腥，但是卻為了這所謂的「天堂之音」而肆意揮霍浪費。

哦，不！僅憑是否喜愛音樂是不足以了解一個人的真心的。痴迷於音樂，並不能完全體現一個人內心的柔軟。當一個男人，尤其是父親，不喜歡孩子，當他觸碰到孩子那柔軟的手臂時，當他看見孩子那試圖認識世界的小眼睛時，當他聽到孩子咿咿呀呀的呢喃聲時，他的內心是不會變得柔軟的。一個內心不會因為孩子而變得柔軟的人，著實令人憎恨。

在此，我們也來談談一個母親此時的心情。對於一個母親而言，此時她最大的欣慰就是能得到對她孩子的各種關注與讚美。當她用雙臂抱起她的小天使時，她的小天使對她來說就勝過一切，作為父親也一樣。

雖然所有的男人都在談論妻子的個人魅力，但是從孩子出生的那一刻起，妻子的魅力就變成第二位了。普魯士的一位揮霍無度的老國王曾說過：「一個女人最無法忍受的就是有人說她長得醜陋。無論是對於生活在上層社會還是下層社會的女人，即使是對於妓女們來說，這也是最底線。但是據我長期觀察發現，一個母親，一個稱職的母親，只要你讚美她的孩子，她根本不在乎別人怎麼評價她個人。她的孩子是世界上最美的孩子！她的孩子就是世界的第八大奇觀！也正因為如此，作為一個母親，才會為了孩子的一生而承受所有的苦難與艱辛。」

然而作為父親，也應該要承擔一部分這些艱辛與苦難，我現在就來談這個問題。在這個世界上，沒有哪個人會蔑視精心照顧孩子的父親，只有自私自利的蠢貨才會嘲笑他；還有些冷漠無情的人可能也會這樣想，但是所有有思想的人，都會讚賞他的行為，並且因此而增加對他的信任。一個熱愛家庭的人，一定是一個品行端正值得信賴的人；而一個對自己的親生骨肉都沒有任何感情的人，自然也不會對其他人仁慈。沒有什麼比照料孩子更讓一個年輕人受人喜愛和尊重；漢普郡的那個父親，我不知有多少次對他產生敬佩之情！無論是在英國還是在美國，都是一樣的，一個男人如果不能承擔照顧孩子的責任，是多麼得殘忍。

一個依靠勞動養家餬口的男人，為了工作，不得不時時地離開家，離開孩子的

第五封信　給為人父親者的忠告

搖籃。但是，即使這樣，只要他能合理安排時間，一樣可以承擔照料孩子的責任。一天二十四小時中，他可以想法抽出幾個小時來陪伴孩子，這也是婚姻生活帶給他的快樂。一個男人如果不能完全勝任各種職責，他有什麼權力完完全全地擁有一個女人，有什麼權力實施一個丈夫無限的權威，有什麼權力擁有父親這一榮譽和責任呢？

對於一個男人來說，人生中最大的不幸之一就是不能很好地履行這些責任。可能是因為對貧窮的補償吧，通常情況下，窮人會比富人能更好地履行自己的責任。作為丈夫，當他結束一天的勞作時，他就會承擔起照顧孩子的責任，他會將照顧孩子當作對他辛苦勞動的一種獎勵。即使白天在田間勞動時，他的心依然留在了他的小茅屋裡，晚上次到家，當孩子伸著小手迎接他時，一切疲勞都被拋到了九霄雲外。在漢普郡和蘇塞克斯郡的小村莊中，當夜幕降臨時，結束了田間勞作的人們，抱著夠一兩天用的柴火，紛紛奔回他們的小屋。小屋裡有三四個小孩正在翹首企盼他們的父親，當看到父親的身影時，一個個蹦蹦跳跳地衝出門外去迎接他們的父親，有的抱著父親的雙腿，有的牽著他的衣角，這是我一生中所見證的最大的幸福。無論是誰看到這幸福的一幕，都會毫不猶豫地希望自己也能過上這些勞動人民的生活。

那些沒有傭人的家庭，每到週末，父親就會有大量的事情要處理。如果家裡有兩三個孩子，哪怕只有一個孩子，吃過早飯的第一件事，就是幫助孩子或孩子們洗漱和穿衣。然後，當母親準備飯菜的時候，父親就得一邊自己穿戴，一邊照顧孩子們。吃過飯，母親會打扮自己，然後全家人一起去教堂，如果由於離教堂太遠或其他原因不能去教堂，一家人就會共度整個週末的下午。這就是勞動人民簡單的生活，這種生活方式卻造就了世界上最能幹、最高尚的人。然而，不幸的是，後來的苛捐雜稅卻剝奪了他們的衣食，將所有的人，不論好人壞人，都淪為可恥又可恨的乞丐。

一個工人，無論出生於哪個階層，也無論生活在農村還是城市，除非萬不得已，如果他沒有將他工作以外的時間或一天的部分時間花在陪伴妻子和孩子上，他就不配擁有父親這一稱號，也一定不是一個值得信任的員工。一個不重視妻子和孩子的人，是沒有父愛、也沒有感情的人，因而他也得不到妻兒的尊重。雖然相關法律會要求並強制他盡一個父親和丈夫的責任，他也許會執行一段時間，但是，很快他又會舊病重犯。這樣的一個沒有威信、沒有愛心的父親，如果抱怨子女們忘恩負義，或者身邊的人對他漠不關心，我相信就連他自己的內心都會告訴他，他的這些抱怨都是不公正的。

上面所敘述的原則適用於勞動階層的父親，但我認為，對於在中產階層的年輕人來說，更應遵循這些原則。在中產階層的年輕人有了孩子後，就會僱傭僕人們來照顧孩子。許多人都想當然地認為，把自己的孩子交給高薪聘來的、又有能力的傭人來照顧，傭人就代表他們完成了自己的責任，然而，這種想法卻是極為錯誤的。一般情況下，窮人家的孩子會比富人家的孩子更愛他們的父母，這種愛也是相互的，因為窮人家的孩子自出生起所得到的父母的愛和他們無微不至的關心，就比富人家的孩子多得多。

前面我就談過，剛剛結婚的年輕人應盡可能不僱用傭人。當你不得不需要他們的幫助來照顧孩子時，切記那一定是最嚴格意義上的幫助。你不能完全依賴傭人，更不要將孩子獨自留給傭人，孩子越小，越要按此實行。有些不負責任的父親或安於享樂的母親可能會說，這些女傭人也是女人，她們也有女人溫柔的情感。是的，一般來說，這些傭人也會像一個母親一樣溫柔善良。但是，記住，她們畢竟不是孩子們的親生母親，她們不可能做到像一個母親那樣精心呵護孩子。為孩子們提供豐厚的財富，為孩子們的未來鋪平道路，這些可能都是你的責任，但並不是最重要的責任，你最重要的也是首要的責任就是要竭盡全力保證孩子四肢健壯、身體健康、心智健全。

我和妻子扶養孩子的大部分時間都僱傭了僕人，我們是不是把哪一個孩子完全扔給僕人照顧了呢？沒有，從來沒有。那我們是不是天天都在家陪著他們呢？也沒有。我們有時會把孩子們帶出去，我或妻子總有一個人會一直陪著他們，直到孩子們已經能夠自己照顧自己，或者大一點的孩子能照顧小一點的孩子時，他們會為我們留在家裡看家。這樣的話，我們怎麼能出門呢？如果我們兩個都要出去，那麼我們會商量著把孩子一起帶出去；如果沒法把孩子帶出去，那麼我們其中一個出門，另一個就留在家裡，多數情況下，都是我留下。我們始終堅持著這些原則，我們從來不曾為自己考慮。我們在照顧孩子方面的決心和意志從未動搖過，因而也得到了相應的回報。

撫養孩子，不僅僅需要堅定的意志，還需要無限的柔情。那些給孩子帶來痛苦的父母，絕不可能是真正溫柔有愛的父母。要讓孩子保持強壯健康，最主要的就是要堅持每天按時從頭到腳給孩子洗澡。洗澡時，孩子的哭喊聲說明他們不喜歡洗澡。他們會不停地高聲哭喊、亂踢亂蹬。許多母親對孩子的這些表現都會視而不見，部分原因是她們不願意去哄孩子，另一方面原因是她們已經習以為常了，我認為這種所謂的習以為常其實是因為她們太懶惰了。完完全全給孩子洗個澡，充其量也就是一個小時的活。當孩子到了五六個月大的時候，給孩子洗澡時，輕聲地為他們哼哼歌曲就會蓋過孩子的哭啼聲。

通常情況下，剛一開始給孩子脫衣服，孩子就會開始哭啼，這時也正是開始為孩子唱歌的時候，孩子的哭聲不停，歌聲就不要停。盧梭為我解釋了其中的原因。有一次，我碰巧看到了他的孩子愛彌爾，他對我說，保姆會用歌聲壓住孩子的哭啼聲，透過蓋住他的聲音而讓孩子變得安靜，慢慢就會讓孩子意識到沒有人能夠聽得見他的哭聲，因此，再繼續哭下去也是徒勞。

一個沉默不語的保姆不是一個好保姆。如果母親也沉默寡言、性格沉靜，這對孩子是極為不利的。對孩子唱歌、說話、逗著孩子玩等，這些母親經常會做的事，對孩子是很有好處的。這樣不僅讓孩子進行了適量的運動，喚起他們的注意力，還使他們變得有活力。讓一個沉悶、無生氣又不愛說話的僕人來照顧孩子是極糟糕的，她們既不會與孩子說話交流，更不會為他們唱歌，她們總是以一成不變的方式來對待孩子，這樣不會給孩子帶來任何生氣與精神。把孩子交給這樣的一個沉悶無聊的人照料，讓她給孩子洗澡穿衣，你的孩子不會成長為一個身材筆直、身體強健的人。將來，等孩子的身體有問題時，再去請醫生，就為時太晚了。對孩子的傷害已經造成了，僅僅是幾個月的疏忽，得到的懲罰卻是孩子一生的屈辱懊悔和終生的羞恥。

因此，阻止孩子的母親去做孩子不喜歡但是對孩子終生有益的事，那是一種虛假柔情。無論春夏秋冬，堅持給孩子洗澡，是對孩子很有益的一件事。給孩子洗完澡，穿好衣服後，孩子看上去是多麼精神飽滿、神采奕奕啊！洗澡時孩子的運動，不僅僅增加了孩子的食慾，同時有助於孩子很好的休息。孩子吃完奶，然後睡覺，就這樣慢慢地成長，所有人的眼裡都透著幸福，特別是父母！我聽見有些父親這樣抱怨：「我無法忍受孩子哭哭啼啼！」而我會說「怎麼會有你這樣的父親！」不過，謝天謝地，這樣的人畢竟是少數。

如果這些人不能理解孩子的哭鬧，但是他們的良心也應該讓他們面對這些如此天真、如此無助、對自己的行為一無所知的孩子們時，擁有一顆寬大包容的心。孩子的哭啼聲怎麼會讓人心煩呢？因為你知道孩子哭鬧的原因，你也知道這是為了孩子的利益必須要做的事，而你只需要忍受一個小時，一個小時的忍耐就可以使你得到一個面色紅潤、身體健康的孩子。雖然我的工作是最不能受到任何噪聲打擾的，但是我也從來沒有因為孩子的哭啼聲而心煩。我的許多文章都是在哭鬧聲中完成的，而我也從來沒有要求過孩子們保持安靜。我的孩子們長大後，已經可以在房子裡跑來跑去。陰雨天時，他們無處可去，就只能在家裡打鬧，而我那些讓許多作家都驚嘆不已的文章正是在孩子們的喧嚷聲中完成的。

我從來不會因為孩子的吵鬧聲而生氣。但是，不是所有的噪聲我都能接受。我生活在布朗普頓時，有一位住得離我很近的老婦人每天都會花錢請一位蘇格蘭風笛手來拉一首長調，而這卻是讓我感到難以忍受的噪聲。你所喜歡的事情，無論多麼嘈雜，你都不會感到心煩。一些你已經習以為常的聲音，也不會給你造成什麼影響。馬車行駛時的咔嗒咔嗒聲，磨坊裡的吱嘎吱嘎聲，流水的嘩啦嘩啦聲，都不會讓你感到心煩。

對於很多家庭，搖籃是不可或缺的，因為母親可以讓大一點的孩子搖著搖籃，自己可以騰出更多時間來做家務。剛開始我們家也有一個搖籃，大部分時間是我負責搖孩子睡覺。也就是在搖孩子的時間裡，我完成了我的第一部著作，有名的《英語指導》，這是美國也是歐洲第一部教法國人學習英語的書。不過很快，我們就盡可能地不再使用搖籃了。因為孩子在搖籃裡會比較容易睡覺，睡得時間會過長，這雖然為我們減少了麻煩，但是作為父母，我們有責任面對麻煩。第二個孩子出生後，我們就不再使用搖籃了，剛開始的時候確實很困難。當我不工作的時候，通常都是由我負責哄孩子入睡。時而我把孩子抱在懷裡，時而把他放在床上，就這樣慢慢地哄他入睡。很快，我發現這個方法很好，這樣孩子不至於睡得過多，但是卻睡得很香。

搖籃就像一種催眠劑，會使孩子進入夢態睡眠中。很多人家裡不得不使用搖籃，除非家裡有比較大的孩子能幫著抱孩子、哄孩子睡覺。無論是男孩還是女孩，在自己還很小的時候就能照顧其他小孩子，也是一件了不起的事。他們會抱著有自己一半重的孩子在大街小巷、樹林村邊玩耍。

窮人家的母親為了給孩子賺得足夠的麵包，通常不得不去離家比較遠的地方勞作，只得把大大小小的孩子們留在家裡看家，最大的可能只有四五歲或六七歲。英國無數的窮人家庭都是這樣，然而令人驚喜的是，讓大孩子照顧小孩子，與把孩子留給僕人來照顧相比，出現的事故機率更小。夏天的時候，你可以看見，一群群孩子在自己家附近的草地上打滾，在石楠花叢中玩捉迷藏，唯一在他們身邊保護他們的只有家裡的狗了。

這些孩子們將會成為多麼善良、正直、健康、勇敢、敏銳的人啊！我曾在費城生活過一段時間，那裡凡是卓越有成就的人，無論是醫生、律師還是商人，沒有一個不是出生並成長於底層社會家庭中的。再看看倫敦，也是如此。生活在窮困家庭中的孩子從小就擔負起了重要的責任。從小他們就學會了思考，懂得了預測後果。他們從小就開始記事，當他連字母表都還不認識的時候，就能記住不同的人帶來的不同訊息，並能準確地轉達，這需要多麼驚人的記憶力啊。

當我想記住一些事情的時候，而我又在外面，無法用筆記下來，我就會對一個孩子說，在什麼時候告訴我什麼什麼。他一定會準確地告訴我，就像我寫在備忘錄上一樣。這樣的孩子，無論是男孩還是女孩，都是值得信賴的，將孩子交給他們照顧要比交給那些金捲髮碧眼、期待愛慕者的傭人要安全得多。金發碧眼的確很美，但是這與照顧你的孩子是不相關的，你有責任將孩子交給值得信任的人去照顧。

前面我已談到，在孩子哭喊的抗議聲中給孩子洗澡，需要勇氣，然而，當孩子生病時，更需要勇氣給孩子吃藥甚至做一些外科手術。這是真正的考驗！這是母親必須忍受的痛苦，她必須逼著孩子吃下苦口的藥物，甚至給孩子打上令人痛苦的石膏！這就是一個母親或者父親，主要是母親為了履行責任而必須經受的痛苦折磨。

保姆、僕人或外人是做不到這一點的。那些心太軟而不願讓孩子忍受吃藥打針之苦，或讓別人來做這些事的母親，我認為她們不是稱職的母親。

最讓人敬佩的母親就是那些一邊心疼地流著淚，一邊依然堅定地按照醫囑，親自小心翼翼地給孩子餵藥的母親。僕人、保姆能做到這些嗎？有的時候，這些人在給孩子餵藥時會半途而廢，這樣孩子心靈上所遭受的創傷比從母親那裡得到的更嚴重。因此，監督孩子吃藥打針的事，只能由父母來完成。孩子的生命處於危險中，作為父母，無論是哪一方，如果無視自己在這方面的責任，都不配為人父母。像其他事情一樣，父母為了孩子的利益而去做的這些事，在孩子的成長過程中必然會有一定的分量，將激發孩子對父母的孝敬之情！到了懂事年齡的孩子們，一定會理解母親是如何犧牲自己而愛他們的。孩子們知道母親為他們所做的一切，因此，會永遠敬愛和尊重她。

當然，父母不僅僅要給予孩子生命，還要保證他們身體健康、體格健壯。除了這些以外，還有更重要的，那就是要保證孩子心智健全。由於各種原因，有的孩子可能生下來就痴呆愚鈍，但是還有很大一部分孩子痴呆愚鈍是因為父母行為不當或粗心大意而造成的，而這又多發生在由僕人照顧之下的孩子身上。在賓夕法尼亞有一個孩子，剛出生的時候和其他孩子一樣活潑可愛，聰明伶俐。然而，當孩子到三歲左右的時候，一個女傭為了讓孩子安靜，就把他關進一個漆黑的壁櫥，結果孩子受到驚嚇，造成終身痴呆。

那個粗心的女傭，先是嚇唬孩子要把他送到一個「可怕的」地方去，然後為了讓孩子安靜，就把他放進壁櫥裡，關上門，就離開了房間。幾分鐘後，她回到房間，發現小孩子全身痙攣。後來孩子的痙攣病雖然治好了，但是卻患上了痴呆症。兩天兩夜後，當孩子的父母外出回來時，女傭告訴他們孩子得了痙攣，但是卻沒有告訴他們原因。這個女傭是一個鄰居家的女兒，從那件事以後的整整十年都生活在痛苦的愧疚之中，在她臨終前給孩子（現在已經是一個成年人了）的母親送了封信，說明原委，請求她的原諒後，才安然地死去。然而孩子的母親是最應該受到譴責的人，一輩子的懊悔和痛苦對她和她丈夫來說，懲罰都太輕了。不知有多少人，就是因為同樣的方式而被剝奪了聰明才智。

前不久，我從報紙上得知，伯明翰的一個孩子被嚇死了。當時孩子的父母都去參加了一個所謂的晚會。僕人們自然在主人家進行他們的晚會。由於特殊原因，母親提前了一個小時回家，回到家時她發現客廳裡到處都是人，於是跑到樓上去看她三四歲的孩子。然而當她看到孩子時，孩子睜著雙眼，但是凝固不動，她伸手去碰了碰孩子，孩子依然一動不動。當醫生來時，為時已晚，孩子已經死了。女傭假裝對此一無所知。然而後來有人發現，在孩子的床簾上別著一個可怕的東西，原來是一個恐怖的面具。最後，卑鄙的女傭承認，這個恐怖的面具是她放的，目的是為了讓孩子保持安靜，這樣她就可以隨心所欲地和樓下的人狂歡。當人們發現這個可憐的孩子在生命結束之前忍受了什麼樣的恐懼與痛苦時，沒有人能找出合適的詞語或語言來表達對這種惡行的痛恨，這不僅僅是惡行，簡直就是謀殺！

如果說這個女傭是罪魁禍首或應一輩子懺悔，那麼孩子的父母呢，特別是母親應該受到什麼樣的懲罰呢！那孩子的父親呢，他不能盡到自己神聖的職責，又該受到什麼樣的懲罰呢！

如果這個可憐的孩子被奪走的是智力而不是生命，那麼也許永遠沒有人會發現原因。人們會想當然地將智力出現問題歸結於發高燒或其他病症引起的智障。

我用大量筆墨談到孩子不可剝奪的權力，即由自己親生母親哺乳的權力時，同時我也談到如果沒有由母親哺乳的孩子所帶來的嚴重後果，但是我漏談了那些沒有得到母親哺乳的可憐無辜的孩子的智力也會因此受到一定的影響。

第五封信　給為人父親者的忠告

下面敘述的事情是我聽說的。一個十分受人尊敬的商人，和他的妻子在一個不知名的小城市裡過著非常節儉勤勞的生活，他曾對一位紳士說：十五年前我要是讀了科貝特先生所著的《給年輕人的建議》就好了！」因為，為了讓他的妻子能幫他打理生意，他的十個孩子都不得不由奶媽來哺乳，結果其中的兩個後來成了痴呆兒，儘管其他八個智力都正常，儘管孩子的父親和母親智力都正常！

讓母親幫助父親打理生意，無疑動機是好的，母親也是為了能讓她的孩子們生活得更好而盡可能地盡到自己的責任。但是，天啊！可是對於那兩個可憐的孩子，母親盡到什麼責任了呢！對於其他孩子，他們一生都要忍受他們的兄弟或姐妹中有痴呆者這樣痛苦的事實，同時他們的朋友也會時時懷疑他們的智力是不是正常，對此，母親又盡到什麼責任了！

與此相比，財富又算得了什麼！如果父母希望找到什麼方法來補償那些遭受這種災難和痛苦的孩子，最好的辦法就是盡全力阻止這種事情的發生，我大聲呼籲，父母應阻止這種事發生！為了金錢，為了獲得財富而不顧及孩子的智力，這不僅是貪財，而且是狂熱地斂財！是的，財富，你因此而且獲得財富！但是什麼樣的財富能夠慰藉那些智力出現問題的孩子的父母！

如果我現在所談到的還不足以使一個人深思孩子可能遭受到的痛苦，還不足以引起他對自己的孩子，特別是幼小孩子的關心，那我再說什麼也是徒勞。因此，我現在就對如何教育孩子談一些自己的看法。

首先我們來談談真正意義上的「教育」一詞的含義。「教育」一詞來自拉丁語educo，意思是養育、培養的意思。而我現在談到的「教育」一詞，其普遍可接受的意義是指書本學習。目前，我要談論的真正意義上的教育，正如法國人常用的含義一樣。法國人，在其農業勞動中，常會說起教育是對豬、雲雀或其他動物的養育，是指對這些動物進行餵養或飼養，然後使之慢慢長大。

當孩子過了嬰兒期，對孩子的撫養，首要的不僅是要以充足的食物滿足孩子身體的成長，同時還要父母樹立良好的榜樣為他們思想的發展提供充足的精神食糧。後者我下面會著重來談。至於前者，保證孩子能夠豐衣足食，這一點至關重要，如果認為孩子不需要什麼精良的食物，那就大錯特錯了。每個人都知道，要想獲得良駒駿馬，從小馬駒時就要很好地餵養，所有動物都一樣。良駒駿馬、壯牛肥羊都是靠豐美的牧草餵養出來的。為了讓這些動物成長得健壯，僅豐富的糧食是不夠的，一定要有十分充裕的牧草。若是在英格蘭沒有土地，沒有牧場，但是米德爾塞克斯郡、艾塞克斯郡、伊裡郡卻有豐美的牧場，要是沒有這些牧場，我們就看不到讓我們仰視的高大魁梧的拉車或拉貨的高頭大馬了。只有在馬匹還小的時候保證糧草豐足，才能使其最終長成優良的駿馬。

為什麼美國人總體來說都比英國人高大強壯，原因也是如此。他們的祖先大部分都是英國人。在美國北部四個州的人都是來自英國，後來在那片土地上他們建立了新倫敦、新法爾茅斯港、新普利茅斯港、新相茨茅斯港、新多佛港、新雅茅斯港、新林恩港、新波士頓城、新赫爾市，但是這個國家，他們和他們的子孫後代都稱之為新英格蘭。

這個國家最優秀最勇敢的人和世界上最有道德最快樂的人也是這個國家最高大最有才華的人。為什麼？因為，他們從出生起就有豐足精良的食物，不僅只是有食物，而是有非常充裕的食物。即使孩子們還在哺乳期，家人也會在他的手裡放一塊手指大小的牛排。當孩子拿到牛排後，其第一反應就是拿起它往嘴裡塞。孩子還太小，根本咬不動牛排，但是透過慢慢地咀嚼就能吃到一些肉汁。每天孩子一邊吃奶，一邊還可以吃到兩三次的肉。這就是為什麼整個美國人的體形都是高大健壯的原因。

這一點，是不可忽視的，也是非常重要的一點。一個高大的人，無論他是農夫、木匠、泥瓦工、士兵還是水手，都會比一個個子矮的人占優勢。因為他可以比個子矮的人看得更高，他可以觸及更高更遠的地方，他可以更快地從一個地方到另一個地方。割草或摘玉米時，他可以收穫更多；蓋房子時，他幾乎用不著梯子或腳手架；比武時，他可以使自己的身體遠離對手的劍鋒。身高、體重以及力量對於人和動物都一樣，都是成正比的。當然，一個人的身體是否強健有力，在很大程度上與其雄心和勇氣有關。毫無疑問，有很多個子小的人也是非常有雄心並且很勇敢的，但是這並不是天然的。一般來說，身體上不占優勢的人會比那些高大強健的人更大膽、更有進取精神。

在我們與美國進行的最後一場戰爭中，不就是因為這體形上的差別，才沒有取得成功嗎！我們的水手和士兵與美國人一樣勇敢。敵我雙方都源自同樣的祖先，敵我雙方的軍需物資供給程度相當，如果說哪一方稍占優勢，那也是我們這一方，因為法國人、荷蘭人還有西班牙人都公開承認我軍的英勇。然而，即使我們全國上下團結一致，再加上在法國首都所取得的勝利，我們帶著所有這些優勢，在世界各國人民的期待下，與美國人短兵相接後，其結果卻是英國人不願意用語言來描述的。

那是什麼原因使得我們蒙上恥辱，是什麼讓整個世界都感到震驚的呢？我們的士兵們並不缺乏勇氣。的確，戰爭中我們的士兵缺少一些精神力量，但最主要的原因就是敵人部隊的士兵與水手們巨大的體形與無敵的力量。敵我雙方在人數方面勢均力敵，但由於敵軍體形與力量上所占的優勢，使他們習慣於利用這種力量上的優勢而驍勇無比。

為什麼天主教崇尚禁食與齋戒？是為了讓人們變得溫順、謙恭和順從，這對天主教徒們的確造成了作用，不僅整個民族，就是個人在這方面也是顯而易見的。優質的、充裕的食物不僅有助於人們形成強健結實的身體，還有助於人們形成積極進取的精神。粗糙的食物和食物量不足，就會阻止孩子身體的成長，抑制孩子們思想的健康發展，因此，作為父母，一定要想方沒法避免孩子忍飢挨餓。應允許孩子們多吃東西並且想吃多少就吃多少。如果是家常便飯，孩子們吃飽了，是不會再多吃的。然而，如果他們吃太多的蛋糕或其他甜食，這可能會對他們身體有害，甚至導致疾病，但是，如果是精良製作又不油膩的肉類食物或麵包，他們一定會適量而止。

熟透的水果或煮熟的水果，只要沒有添加甜味劑，就不會對孩子的身體有害。

但是，只要孩子們吃到甜食，就再也不願意吃一點菜園裡的蔬菜了。如果孩子們無休止地吃諸如冰淇淋、蛋撻、葡萄乾、杏這樣的甜食，那麼很快就需要醫生為他們開藥了。另外如果用茶水、咖啡、甜湯或其他熱飲來填飽孩子們的肚子，也是極為有害的，這就像是用含水量很大的蔬菜來餵養小兔子、小豬仔或其他小動物產生的惡劣效果一樣：水煮菜會使這些動物長得大腹便便但是卻瘦骨嶙峋，永遠也不可能長得強大肥壯。健康的孩子，吃到足夠的肉食之後，只需要喝些脫脂牛奶或乳漿就可以了，如果沒有這些東西，開水也行。奶酪和奶油對孩子來說也是每天不可缺少的食物。

也可以讓孩子們吃些布丁或餡餅，但一定應是無糖的，因為糖對孩子的成長不僅沒有益處，反而會對孩子的身體造成傷害。甜食就像濃烈的飲料一樣，會抑制孩子們的胃口。因為這些甜食是孩子的胃裡所不需要的東西，因此最終會導致孩子生病。

沒有父母能夠保證他們的孩子以後不需要透過辛勤的勞動來賺得麵包，如果是那樣，一個吃甜食長大的孩子和一個吃正常食物長大的孩子之間，將會有多麼大的區別啊！

除了優質、充足、正常的食物以外，孩子成長中最需要的就是新鮮空氣。這並不是人人都能做到的，但是為了達到這一點，做父母的就要在其他方面作出犧牲。我們知道有些氣體可以立即致命，而有些氣體人們吸入後，可能會在幾年後死亡。因此，作為父母，有責任保護孩子不受這些危險氣體的傷害。一個人因為沒有給自己的孩子創造良好的空氣氛圍而進了監獄。他的孩子要麼就是病態地頭大、四肢細小，要麼就是身形佝僂直不起腰，最終都被送進了收容所。他說這就是他不幸的命運，但是如果他要讓我相信這就是他的命運，他應該向我證明，他和他的妻子沒有花一分錢打扮裝飾自己。一日三餐中，他們的桌子上沒有產自英國本土以外的東西，他們沒有在休閒玩樂上浪費一個小時，他們從沒有喝過一滴或一口酒。

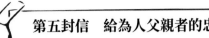

我不知見過多少倫敦人，把錢花在豪喝狂飲之上，而這些錢足夠保證孩子的健康成長。與這樣的人相比，農夫的生活雖然清貧，但算得上是天堂的日子了。不要告訴我，你不能給孩子們創造豐厚的財富，即使一分錢也沒有浪費過。你為孩子們所提供的健康的身體、端莊的外表是再多金錢都無法比擬的。

孩子們最珍貴的財富就是健康與力量，你沒有權力為了給他們囤積財富而冒險剝奪他們的健康與力量。你可能會因為看到他們生活拮据而感到羞愧，但是如果他們沒有筆直的身材和紅潤的臉頰，如果他們軟弱無力、呆板木訥、智力低下，那你更會感到羞愧。

孩子們除了要有健康的生活環境之外，還需要適量的運動。即使他們還是襁褓中的嬰兒，也需要有人幫他們活動活動身體，也需要有人與他們交流，希望有人為他們唱歌。應該根據他們大腿的力量，適當地讓他們站一站，這是一個稱職媽媽應該堅持不斷為孩子們做的事。如果孩子們開始有意識看東西了，母親就應該在孩子們醒來的時候，把東西放在他們的眼前，切記不可在臉的兩側展示各種鮮豔漂亮的物品。如果孩子們在開始學說話時，有口吃的傾向，母親就應立即制止，並親自一遍一遍地慢慢重複所說的話，讓孩子跟著學。

這些預防措施是父母們神聖的職責，因為，你要記住，身體畸形將是一輩子的事。任何一對善良的父母一想到會導致孩子畸形的事，就會無比揪心。過緊以及過於嚴實地包裹孩子對孩子是極為有害的。這樣會導致孩子身體有這樣那樣的扭曲。讓孩子們自由地爬行翻滾，慢慢學會自行站立，才是最行之有效的方法。自孩子出生起，就穿著寬鬆舒適的衣服，吃著豐足健康的食物，呼吸著安全清新的空氣。

至於身體的運動，當孩子們可以自己活動時，你就完全放手，讓他們自由自在地玩耍就足夠了。當孩子們長成男孩或女孩的時候，你有責任讓他們進行運動鍛鍊，但是要透過讓他們最高興的方法。換句話說，你應盡你最大的可能讓孩子們玩得開心。我一直非常贊同盧梭在這方面的觀點：「一個孩子有可能會在十歲或十二歲左右就死去，那麼你費盡心機對孩子的約束、束縛以及給孩子帶來的痛苦又有什麼用呢？孩子死了，留下你自己去深思，可能是你親手奪走了那個你至親至愛的孩子的生命。」

我無法想起他每一句原話，但是我對這篇文章印象非常深刻，尤其是當我成為父親以後。我下定決心堅決不讓自己去做任何讓自己懊悔的事，也正是這一決心，使我從來沒有因為哪一件事，也從來沒有哪一刻，我強求孩子們去做任何事。

我寧願放棄一切謀生手段，放棄一切使我能夠生活在上流社會的機會，放棄一切會讓我成名或與眾不同的方式，放棄一切，我願意成為一個普普通通的農民，也不願意讓我的孩子們生活在束縛與斥責之中。我不期望孩子們能像愛他們的生命那樣來愛我，但是對於他們對我的愛，我是當之無愧的。下面我來談談我個人在培養孩子方面的心得，當然我並不能期望所有的人，特別是生活在城市的人，在各方面都能夠像我一樣培養自己的孩子。但是至少有些方面，無論任何人，無論生活於哪個階層，都是可以做得很好的。因為我也不是一個無所事事的人，我也不得不為了生計而辛勤工作，而且我工作的性質又是需要我全身心地投入，除了寫作之外我別無他長。另外，我的工作也只能靠我自己，沒有人能夠幫得了我，但是我依然決定，只要我能做到的，我就一定要讓我的孩子們過上快樂幸福的生活，要讓他們成為世界上最快樂的人。

當我的第四個孩子出生時，我做的第一件事就是搬回農村生活，因為常常往返於倫敦與我家之間，我幾乎無法照料孩子。因此，我首先要盡最大可能為孩子做到的事就是保證他們健康地成長。其次，我會盡可能多地待在家裡，與孩子們相伴，並為他們樹立早起、沉著以及其他優良品格的榜樣。

孩子們，特別是男孩子們總是喜歡戶外活動，因此我有責任引導無知的孩子們去選擇對他們以後有利的活動。我會為孩子們準備花床、小菜園、小園林，還有兔子、小狗、毛驢、馬駒、野雞和野兔以及鋤頭、鐵鍬、馬鞭、汽槍，這些都是孩子們非常感興趣的東西，孩子們玩起這些東西來的那種認真與活潑勁兒，就好像我們的生活只有這些似的。

第五封信　給為人父親者的忠告

只要能讓孩子們的生活過得天真快樂，其他什麼對我來說都不那麼重要了。我不知道我的孩子們以後會成為什麼樣的人，我也不知道我的命運如何，但是我絕不會成為他們不快樂的原因。我認為過早地迫使孩子去學習書本知識對孩子的成長是不利的。當我看到六七歲的孩子就不得不在同伴面前背誦詩詞劇本，我就感到非常心疼。

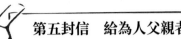

有時，當一位母親（通常情況下是父親）逼著弱小的孩子背誦世界八大奇觀，或者讓孩子伸展著小手，演示哈姆雷特的獨白或諸如此類的事情時，雖然這也是為了表達對孩子的愛，但是我卻無法理解。我記得有一次，一個只有五歲的小傢伙，臉色異常蒼白，在晚飯結束後，他先是喝了半杯他經常喝的葡萄酒，然後為我們表演一場戲劇。

這齣戲是蘇格蘭戲劇中一個勇敢強健的年輕人的演講，名字我已經記不得了，開始是這樣的：「我的名字叫諾瓦爾，我的父親在格蘭扁區一的山上放牧……」小孩子的聲音微弱痛苦，讓我聯想到母豬壓到小豬身上時，小豬發出的悲傷的尖叫聲。當我們準備回家時（我兒子和我），我兒子一路沉默不語，走了約有半英里時，兒子靠近我問：「爸爸，格蘭扁山在哪裡？」「哦，」我說：「在蘇格蘭，是一個很窮困貧瘠的地方，上面長滿了石楠和燈心草，比謝里爾荒原還要荒涼十倍。」「那裡這麼荒涼，」他說：「那個小孩子的父親放牧，羊吃什麼呢？」我聽完後，笑得差點從馬背上掉下來。

我再想不出什麼樣的表演能比逼迫小孩子表演讓觀眾更難過的了。此時每個人都會產生同情心理，不是同情那個孩子，而是同情以這種荒唐的方式來展示其對孩子愛的父母。在這樣的場合，沒有人知道該說些什麼，也不敢正視孩子的表情。而父母，特別是母親，急切地環顧四周，期待孩子應得的掌聲。這讓我想起英國蘇格蘭東部行政區。三十年前的一個名叫穆登的演員，在詼諧滑稽地表演了聳肩、扭下巴、轉臉這些動作後就開始急切地期待掌聲。如果讓我說出我這一生中最厭惡的時刻，就是我忍受那些我非常敬重的父母們逼迫孩子做這樣的表演。

這樣做對孩子也是不公平的，從小讓孩子對這種小小的成就賦予過高的價值，對孩子的成長是非常有害的，最終會把孩子培養成一個虛榮自負的人。透過這樣的表演孩子們所得到的喝彩，會膨脹他們的思想，將他們推向一個傲慢自大的世界，而孩子的這種思想是應透過各種方式堅決予以糾正的。父母們沒有權力為了滿足自己的虛榮而剝奪孩子們的快樂。

然而，這樣做最大的問題在於，逼迫孩子去得到並不適合其年齡的思想會對孩子的思想發展不利。我們都知道，每天也都能看見，無論是對於人類還是動物，如果在很小的時候，對其強加難堪的重負，那麼這個孩子或動物就會長得相對比較矮小柔弱。

思想也是如此，試圖將大人的思想強加於孩子無異於讓剛剛六個月大的小馬駒去載人一樣不合理。思想和身體一樣，是需要時間慢慢積聚力量的，應該透過自然的方式讓思想慢慢成熟，而不要試圖急於求成，同時還要保證身體能夠得到健康充足的食物、良好的生活環境和充分的運動，盡可能不要讓孩子感到不滿意或不自在。眾所周知，身體上的疾病足以摧毀一個人的心智。同樣，我們也知道，思想上的折磨也足以摧毀一個人的身體。難道，作為父母，其首要責任不應該去保證孩子的身體健康強壯嗎？培根勛爵說過：「健康的身體、健全的心智是上帝最好的禮物。」因此，作為父親，最重要的責任就是保證孩子能夠擁有健康的身體和健全的心智。

現在我要來談一談來自書本的學習方法。書本學習是不容忽視的，也不容小視，因為這不僅是一條通往成功之路，同時也是為了今後能更好地為自己的國家和人民做貢獻的途徑，也是我們能夠幸福快樂的基礎。但是，即便如此，我依然希望每個父親能夠謹記，孩子的快樂永遠都是最重要的，如果學習讓孩子感到痛苦，那麼就應該停止。如果心智健全的父親，把金錢、財富、等級、頭銜看得比孩子的快樂更重要，即使他是為了孩子，他也是一個罪人。

教皇曾說：「快樂的基礎是健康、安寧和能力。」究竟什麼是安寧，什麼是能力呢？如果教皇所指的安寧是因為純真和善良而產生的平靜思想，那他說得很對也很明白。我們都知道，沒有健康也就沒有快樂。能力是一個沒有固定意義的詞，它可以指能夠滿足自己基本的衣食住行的能力，也可以指擁有駿馬豪車和一群從頭到腳花枝招展的僕人的能力。

因此，對於能力，我們沒有標準，實際上，也不可能有標準。但是任何一個理智的父親都應該知道，擁有財富並不能，也絕不可能帶來額外的快樂。作為父親，有責任教育孩子不能透過犧牲原則、道德標準來獲得財富或權利。另外，作為父親還肩負著不可推卸的責任，那就是絕不能讓自己的孩子為了獲取財富而犧牲自己的健康。

牢記這些原則，我成為一個父親，並且遵循著這些原則，我支撐起了一個家。我個人是非常喜歡讀書的，也知道讀書的好處，我自然也希望我的孩子們能夠喜歡讀書，但是我絕不會強迫他們中任何一個去讀書。作為父親，我的首要責任就是確保孩子們健康強壯，並且讓他們盡情享受童年生活中的每一刻。

我自己出生並成長於一個健康的環境，因此，我發誓也要讓我的孩子們在健康的環境中成長。我小的時候，非常喜歡鄉村的環境以及活動，因此，我的孩子出生時，我就決定要讓他們也得到同樣的快樂。在我小的時候，有一次，正值開始播種大麥的時候，我沿著韋弗利大教堂附近的田邊行走，報春花和藍色的鈴鐺花在田地兩邊豔麗地盛開著，數不清的紅雀在我頭頂上的橡樹枝上歌唱，籬笆邊耕牛身上悅耳的銀鈴聲和牧童清脆的口哨聲在我耳邊迴蕩。我就像是著了魔似的被這些景象深深吸引了，小獵狗們正在田地的那一邊瘋狂地追逐一隻小兔子，獵狗們狂叫著將野兔追得四處而逃。那時我還不到八歲，但是這美好自然的一幕直到今天還不時地浮現在我的眼前。每一次回想起來，我都感到愜意無比，因此，我決定也要讓我的孩子們享受到同樣的快樂。

人們生活的環境是如此多樣，不同的生活背景，不同的職業，不同的謀生方式，這些方面的不同是如此之大，因此不可能有適用於所有家庭的統一的教育孩子的標準或準則。鑑於此原因，在教育孩子方面，我所做的，並不是所有父親都能理解，也並不是所有父親都會像我一樣做的，但是，毋庸置疑的是，我在教育孩子方面所遵循的原則是對孩子的成長有重要作用的，是所有父親都可以效仿的。

我的孩子們現在都是有知識的人，但是我可以發誓，我一生中從來沒有命令過我的任何一個孩子，不管是兒子還是女兒去看過書。我的兩個大兒子，在他們八歲左右時，為了他們的身體健康，我把他們送到了米歇爾戴沃的一個牧師那裡待了一段時間；我的大女兒，為了不讓她冬天和我們一起去倫敦，我把她放在了離博特利幾英里遠的一個學校裡。除此以外，我從來沒有給孩子們請過任何老師，也從來沒有教過他們讀書寫字，但我會教他們說話。但沒有人比我更希望我的孩子既聰明又有學問。

我是間接實現我的目標的。首先是孩子的健康，我是透過孩子們非常感興趣的田園活動和孩子們在花園裡得到的無盡的快樂而實現的。幸運的是，書中和圖畫中也描繪了這種美好的田園生活和活動，這樣在陰雨天漫長的傍晚，孩子們也有可以玩的東西。房子中央，放著一張大桌子，孩子們的母親坐在旁邊做著手裡的活，孩子們圍著母親，小一點的孩子，就坐在高高的椅子上。桌子上放著大量的墨水、鋼筆、鉛筆、橡皮、紙，孩子們可以隨心所欲地亂塗亂畫。

第五封信　給為人父親者的忠告

書中描述了各種各樣的動物和花花草草，有打獵、射擊、釣魚等場景，總的來說，與我們人類有關的各種活動，應有盡有。我的孩子們，有的模仿我寫的字，有的畫著我們家裡的狗或馬，有的玩著動物玩具。

我們還要學校幹什麼呢？要老師幹什麼呢？有什麼必要逼迫孩子去讀書寫字呢？我們玩撲克牌、擲骰子或其他遊戲來打發時間，但是卻要向孩子們灌輸：我們不需要消磨時間，無論晴天雨天、冬天夏天我們都很忙。沒有人逼我們去做這些事，如果我們不需要，也沒有人要求或命令我們去做。

培養孩子養成早起的習慣是作為父母很重要的目標之一，人人都知道小孩子是多麼喜歡賴床，是多麼不喜歡起床。但是早起非常重要，否則孩子的健康就會受到危害，也會變得懶惰。

即使孩子不願意起床，我也不會命令他們起來，我只需要為他們準備一個小獎勵就可以了。第一個起床下樓的孩子，那一天我會叫他「小雲雀」，吃飯的時候我會讓他坐在我的右手邊。孩子們很快就會發現，要想早起就要早睡，這樣不論是我的兒子還是女兒，我都培養出了他們早睡早起的習慣。

所羅門深知早起的好處：「我敢說，僅僅是因為早晨該起床時懶惰地賴在床上，你會發現，你的早飯已經涼了，你的馬車和僕人都在等著你，太陽已經普照大地很久了，而你卻將一天都浪費了，到了傍晚，天很快就會變得黑暗，所有的預約因為你起晚了而取消，出行也不能達到預計的目的。」一個女人，無論她有多麼美麗、多麼謙遜、多麼有才都不能彌補懶惰的缺陷。所有懶惰行為都源自早晨不願意早起這一習慣。愛情會暫時矇蔽男人的雙眼，使他們看不見女人的這一缺點，但是，他們早晚是會發現的。此外，保持健康的身體需要早起早睡，經營一個家需要早起，然而，健康是一個人最珍貴的財富，如果沒有健康也就一無所有。早晨的空氣是最有益於健康的，尤其在擁擠的城市，人們更需要早晨清新的空氣。但是如果他們晚上遲遲不睡，早晨又如何能早早起來呢？

如果要做到我為孩子所做的一切，你還必須熱愛自己的家。為了培養孩子熱愛自己的家，你就要和孩子們生活在一起。你要透過你的行為，讓他們感覺到，你更喜歡和他們在一起度過你的時光。當然，並非所有人都可以做到這一點，但是許多人可以。的確，我的工作主要是在家裡進行的，但是我也總是有很多事要做，我的一生中從來沒有虛度過一個星期，甚至從來沒有虛度過任何一天。

但是，我即使工作再忙，也能找出時間來和孩子們交談，和他們一起散步，或和他們一起騎馬。如果我不得不離開家，我也會帶上一個或幾個孩子在我身邊。對待孩子，你一定要有耐心，一定要讓他們感受到他們最喜歡你的陪伴，你一定要讓孩子們對你依依不捨，擔心你不能及時回家，而不是把你的離開當作是節日一樣。當我要離開家的時候，我所有的孩子都會跟著我把我送到大門口，然後看著我坐上馬車或騎上馬，直到我消失在他們的視線之中。到了我要回家的日子，他們又都會一齊出來迎接我，如果我半夜三更才能到家，他們也一定會盡量等我回到家後才去睡覺。父母對他們的愛以及在家裡得到的快樂，使孩子們從來不會到外面尋找快樂，這樣他們也就不會有交到不良朋友的機會，當然也就不會早早學壞了。

從小還要教育孩子們成為一個值得信任、仁慈寬容、善良高尚的人。我家有兩英畝的園子，裡面生長著蔬菜、小灌木、幾棵樹和一片青草。園子裡的桃子，一到成熟季節，芳香四溢，令人垂涎欲滴，然而，我的孩子們都非常自覺，從來沒有人伸手去摘過，也根本不需要我們去禁止他們。燕八哥、畫眉鳥、白喉雀，甚至連非常膽小的金翅雀都喜歡在我們園子裡的樹上築巢，哺育下一代，而這裡也是我的六個孩子經常去玩的地方。就在我們摘果實的時候，這些鳥兒依然會一個接一個地在高我們一兩碼遠的地方築窩建巢，哺育下一代。

我們常常將狗譽為最睿智聰明的動物，但是接下來發生的兩件奇特的事，讓我們感到鳥兒們在這方面並不比犬類差。若不是當時有許多鄰居和家人的見證，我下面講述的故事可能不會有人相信。所有生活在農村的人都知道雲雀是一種非常膽小的鳥，牠們通常會在空曠的地方生活，而且牠們只會在地上築巢，這樣會讓牠們因為有充裕的空間而產生安全感，牠們不喜歡任何約束限制，因此，我們從來不會在園子裡見到雲雀。

我們家的園子裡有一塊約四十竿（竿：長度單位）長的草地，約〇點二五英畝。有一年，我們在這片地上種滿了青草，準備秋天收割晒成乾草。一對雲雀，從田野中飛到我們這個人口相對密集的小山村，就在我們家的草地中間選了一個地方築起巢來，這離我們家房子的大門不足三十五碼遠，而在這間房子裡，生活著十二個人，其中六個都是經常去那裡玩的小孩子。此後，我們每天都能看到那隻雄鳥清晨早早起來唱歌，然後開始孵蛋。後來，我們發現牠不再唱歌了，原來是兩隻鳥開始到處為牠們剛剛出世的小寶貝們覓食去了。

然而，很快，就到該割草的時候了！我等了很多天，可是這一窩小鳥一直遲遲不肯離開。最後，我決定，到割草的日子，如果這些雲雀還沒有離開，我就在草地上給牠們留出一塊草坪來。為了不讓牠們長時間地受到驚嚇，我請了三個經驗豐富的割草員，他們用了不到一個小時就能把草割完。快割到小鳥們巢穴的地方時，我讓他們從外往裡繞著圈割，接下來就是小鳥們所展現出來的聰明睿智的一面了！

正當割草員們開始磨鐮刀的時候，兩隻老雲雀開始在牠們的巢穴四周焦急地擺動翅膀，並且發出尖銳的叫聲。當人們開始割草時，兩隻老雲雀就開始在他們身邊飛來飛去，同時發出尖銳的聲音，牠們飛得是如此低，以至於割草員的鐮刀幾次都差點傷著牠們。當割草員快接近牠們築巢的那片地時，兩隻雲雀飛向牠們的巢穴，然後就飛走了，帶走了所有的小雲雀，牠們飛過小河，在鄰居家果園裡的一片茂密的草叢中停了下來，並在那裡重新築起了巢穴。

另一件是與燕子有關的故事。眾所周知，燕子喜歡在人類居住的屋簷下或門廊下築巢，有一隻燕子卻飛進我的家裡，在門框的頂上築起了巢。這個門直接通向我們房屋裡面。當我們發現這隻小燕子開始在門上築巢後，我們白天就會一直把門開著，但是到了晚上，我們不得不關上門。慢慢地，燕子產了蛋，沒多久，小燕子們一個個都破殼而出，還學會了自己飛翔。我們已經習慣早晨一起來就把門打開，這樣燕子們可以自由地進進出出。第二年，這隻燕子又飛回來了，在同一個地方又生育了一群小燕子。牠發現舊巢還在，對其進行了一番修補後，再一次循環了去年的整個過程。雖然我們家裡有六個活潑的孩子，不斷地會製造出噪聲，但是我敢說，只要我們一直住在這裡，這隻小燕子一定每年都會過來築巢產卵，一直到牠死去為止。

恰恰正是因為這些鳥兒的聰明睿智，才使得牠們總能發現安全的棲身之地！同時，作為父母的我們，當看到我們的孩子對這些小動物也是如此的仁慈善良，我們是多麼高興啊！因為，年輕人，請謹記於心，無論一個人的表面如何善良，只要他在某些情況下表現出了膽小怯懦、不忠不誠的特點，那麼他一定不是一個善良仁慈之人。另外，如果他對其他動物做出了殘忍的行為，那麼，十有八九，他對人也會一樣殘忍不仁。虐待馬，特別是驢，在我們這個國家是非常嚴重的一件事，而且還會受到法律的制裁。世界上再沒有哪個國家會達到這種程度。

我們一直都對這些對我們有用且又溫馴、吃苦耐勞的動物非常殘忍，特別是對毛驢，這是最溫馴、最勤勞的動物了，只要有吃的，無論多麼粗糙劣質，只要有那麼一點點吃的，牠們就會為我們任勞任怨地幹活！無論這些動物為我們付出了多少勞動，我們不僅習慣性地虐待牠們，還要從牠們的幼崽口中搶奪鮮奶來滿足我們人類所需，很難說我們人類究竟有多麼忘恩負義。

我家曾經有一匹非常溫馴的小母馬，我的所有孩子，都是在牠背上學會騎馬的。牠身上有太多我對孩子們的回憶，一想到牠要落入殘酷者之手，我就心有餘悸。幸運的是，最後我們把牠放歸大自然，當我們回來的時候，會在家裡給牠修建一個休息的地方。後來我們牠從森林中帶到肯辛頓，牠現在已經有二十六歲了，我敢說，牠現在壯得像一隻鼹鼠一樣。與此同時，孩子們可以潛移默化地學到書本知識。孩子們從小就希望能像他們的父母一樣，去做他們想做的事。男孩子會以他們的父親為榜樣，女孩子會以她們的母親為榜樣；因為我總是在家裡不停地讀書寫作，我的孩子們理所當然地也希望和我一樣。但同時，在家裡他們從來沒有聽到過傻瓜和酒鬼的汙言穢語，也從來沒有見過我無所事事、喋喋不休或和一些不三不四的人來往。他們也從來沒有接觸過什麼虛榮做作的花花公子，也沒有遇見過什麼豔俗奢華的女人，孩子們從來沒有見過哪個人吃飯時毫無禮貌地狼吞虎嚥，也沒有聽到過有人談論什麼關於玩樂或愛情或其他會影響孩子們成為一個勤勞節儉之人的話題。

我們不需要任何類似這樣的刺激來保持我們的精神，我們現有的快樂追求就已經使我們精神充實了。書本學習，從某種程度上說，也可以來自樂趣。我記得，有一年，我種了許多優良的瓜苗，我從一本農業種植書中學到了許多種植知識，至少這些書造成了提醒我什麼時候該做什麼的作用。有一天晚上，我與孩子們討論如何種植瓜果，講了一會兒，我對孩子們說：「來，孩子們，讓我們來看看書中是怎麼說的吧。」此後我們拿著書，嚴格按照書中的介紹一步一步地種植我們的瓜果。這本書我只讀過一遍，但是我最大的孩子可能讀了至少二十幾遍，然後很耐心地給他的弟弟妹妹們解釋。這就是動力！然後他還會告訴地裡幹活的人如何種植瓜果。我認為，我的孩子透過這一課所學的東西要比他在學校裡花上一年時間所學的東西還要多，更重要的是，透過這種方式的學習，他的心情總是非常快樂愉悅的。當孩子們在打獵、射擊或其他事情中出現爭議時，他們就會參考一些書籍找出解決的方法，如果遇到他們看不懂的地方，他們就會來問我，而我只要在家，就會耐心地為他們解答一切問題。

孩子們學習寫字是從借助書本認識字母開始的，他們首先是從書中找出認識的字母，不認識的就會來問我，或問認識這些字母的孩子們。然後他們會模仿我寫字，我很快就驚訝地發現，孩子們寫的字越來越像我的，細緻、柔美，就像是印刷出來的一樣。孩子們拿到筆做的第一件事，就是給我寫信，儘管我們住在同一個房間裡。開始的時候，在他們還不認識字母就寫字的時候，他們只是胡畫亂塗，但是，每次我都會很認真地把信收好，然後給他們一些指導，他們每次都能及時收到我的回信，並且得到我的鼓勵和表揚。

雖然有很多朋友都會非常嚴肅地來干預和勸導我，讓我把孩子們送到學校裡去學習，但是這些對我的決定從來沒有絲毫影響。我並不在乎朋友們是否贊跟我對孩子教育問題的看法，但是他們每天來我家二十幾次，所表現出來的擔心，以及對我的決定的懷疑，使我不可能對他們笑臉相迎，反倒是給我帶來了巨大的麻煩。最後我的回答是：我的兒子，我希望他們以後能像我一樣，至於我的女兒，難道把她們交給你們就會更安全嗎？因此，最終他們還是接受了我的決定：我的孩子不去學校。

沒有什麼事比朋友們在我對自己孩子的教育方面進行干預更讓我頭痛的了。特別是女人，她們會透過描述自己的兒子在學校裡取得了多麼驚人的進步，然後轉向我的一個兒子問他，你上的哪個學校，在學校學了些什麼？對於她的行為我不會作任何評述，我會讓我的兒子自己判斷，他是否會喜歡這樣的行為！她可能會說：「天啊，這麼高了，還什麼都沒學！」「不，他學了很多東西，」我通常會說：「他已經學會了騎馬、打獵、射擊、釣魚，他會餵牛放羊，他會種菜種樹，他會養狗，他知道在黑夜裡如何安全地從一個村子到另一個村子。」這就是我對付那些總是問一些讓我生厭的問題的人的回答。當我的孩子們能夠避免這些人的責備時，他們是多麼高興啊！我的孩子們能夠得到我的保護而不用去忍受其他孩子所抱怨的種種約束，他們是多麼感激我啊！無論他們走到哪裡，家永遠都是他們最快樂的地方，沒有哪個人能夠像我一樣給予他們如此多的快樂。

我們一直這樣快樂地生活著，直到一八一〇年，政府將其無情的毒手伸向了我，奪去了我所有的快樂。僅僅是因為我完整地發表了《公民的責任》的文章，政府就把我當作一個重罪犯關進了監獄。這無形之中給我對孩子的教育問題帶來了困難，因為我被從能夠教育孩子的唯一的地方帶走了。但是，所有這些困難我都克服了。的確，這次打擊對我們來說是沉重的。哦，天啊！我那些可憐的孩子們會怎麼想！對我的判決要到七月分才能確定。

我的妻子，把孩子留給了她善良慈愛的姐姐照顧，獨自來到了倫敦，等待著最後對她丈夫的判決。當關於我判決的消息傳到博特利的時候，我的三個兒子，一個十一歲，一個九歲，另一個才七歲，他們正在我家菜園子裡開心地挖白菜呢。當他們得知對我的野蠻判決時，我那最小的兒子還不理解什麼是進監獄，當他明白以後，他全身發抖，大聲說：「威廉，我肯定爸爸不會在那樣的地方！」我的另一個兒子，為了掩飾自己的眼淚，不讓別人聽見他的抽泣聲，低著頭毫無目的地拿著鋤頭胡戳亂砍。

現在，我們被迫開始學習書本知識。我有一個農場，農場裡的人總是會告訴我農場中所發生的事，農場中的一切事務，購物、出售、犁地、播種、耕作等，他們聽從我的安排。總之，事情總是層出不窮、變化不斷，不過也充滿了樂趣。我的大兒子和大女兒現在還不太會寫信。他們有時會在博特利，有時一兩個孩子會和我在一起（我租用了看守人的房子），除了這兩個孩子以外，孩子的母親也會隔兩個月到城裡來看我一次，將家和其他孩子留給他們的姐姐照顧。我們有一個食盒，配有一把鎖和兩把鑰匙，家人一星期會給我送一兩次水果或各種家鄉特產。給我帶食盒的人，是一個非常善良的人，現在已去世了，名叫喬治·羅傑斯，來自南安普敦市，他每次都免費為我捎食盒。羅杰斯正值壯年的時候就去世了，成千上萬的人都為他的死去而感到悲痛，但是都比不過我和我的家人對他的悼念。我們深深地感激他和他善良的一家人，給予了我們無以計數的幫助。

恰恰就是這個食盒，總是可以給我帶來最真實的情感，成了我和孩子們的學校。盒子裡常常會裝有勞動日記，寫在整齊的紙上的事實情況，做得如此精巧，還有可以用來裝訂的裝訂邊。日記是由我兒子記錄的，裡面還插有狗啊、小馬駒啊或其他他想讓我清楚理解的事物的圖畫。孩子們還會把植物或根莖裝進食盒裡，這樣我就可以了解其大小是否合適。很多時候，孩子們還會把他們最喜歡的花放進盒子裡，最早盛開的紫羅蘭、報春花、流星花，還有藍鈴花，還有最早發出的樹枝等。總之，他們會把所有他們認為會讓我高興的東西放進去帶給我。

每當拿到食盒，我就會放下手中所有的事情，開始回答孩子們帶給我的所有問題，並給他們一些新的指導，能讓他們獲得在博特利可能得到的所有快樂。每次食盒中都會有一封孩子們所謂的寫給我的「信」，每一封信我都會認真回覆，然後密封好，送到給我寫信的孩子手中，這樣孩子們就會堅持不斷地給我寫信。雖然他們也許讀不懂我寫的是什麼，雖然開始他們給我寫的信裡只是糊塗亂畫的幾筆，但是慢慢地，一段時間後，他們就開始模仿著寫幾個字。我會感謝他們給我寫的每一封「信」，每次都會表揚他們寫得很好，從來沒有說過任何類似希望你們能寫得更好這樣的話。但是我自己會保證我所寫的每一封信都乾淨整齊，每一次都會整齊密封後交給他們。

因此，當那些凶殘如老虎的人們認為我注定會受到無盡的屈辱時，當他們認為我的怒火會熄滅我所有的精神力量時，我發現我的孩子們和孩子們純潔無瑕、勇敢仁慈的母親，都能勇敢地面對這些冷酷無情的虎狼之徒。「窮人家的孩子早當家。」每當我打開孩子們從博特利寫給我的信的時候，這句話就會浮現在我的腦海中。我與孩子們這樣的書信交流，使我的那段時光過得很快樂。我總是和我的孩子們輪流在一起，為了讓孩子們得到鍛鍊，為了讓我的兩個最大的孩子有機會學習法語，在過去的兩年裡，我將他們送到了一位住在霍爾本城堡大街的神父那裡，每天在他那裡學習幾個小時。這一切都讓我得以放鬆，當我重新回到我的寫作當中時，我立刻就精力充沛，充滿了活力，充滿了希望，那些對我不公又無情的敵人對我來說已無足輕重。

為工人們支付費用、記帳、參考書籍、寫信讀信以及從書本中得到的各種快樂，使我驚訝地發現，在這兩年結束後，我的孩子們都一個個在我身邊成長為學識滿腹的人了。在很久以前，我就已經將我的許多事情口述交代給我最大的兩個孩子了。家裡有現成的書本，他們可以從書中學到如何正確地拼寫單詞。農場中的相關計算事宜要求我必須教孩子們算術。數學是對學習非常有用也很有必要的。

在孩子們過了十四歲的時候，我的每一個孩子都懂得了如何閱讀，並能夠根據自己的想像進行一定的寫作。至於書本，除了詩人的作品以外，我這一生中從來沒有買過一本我認為沒有實際用途的書。我所有的藏書，曾有兩三次被無情地掠走，但是我很快就會在我需要時再一次買齊。如果你把一個螞蟻窩破壞後，你會發現這些小小的勤勞又勇敢的小昆蟲會很快重新開始修建牠們的窩；如果你重複破壞十次，牠們十次都會做同樣的事。這就是一個能夠成功反抗那些強大惡勢力的必要特質。

現在，我意識到，我為孩子所做的一切，並不是每一個父親都能做到的，儘管他們都全身心地愛著他們的孩子。我也認識到那些律師、醫生、商人甚至是農夫們，總的來說，做不到我為孩子所做的一切，大多數情況下，他們都會在他們的孩子應該學習書本知識的時候，把他們送到學校。但是，我要說的是，我為孩子所做的許多事情，許多父親都可以做得到，然而問題是，他們並沒有去做。

當沒有工作或社會責任的要求時，在家裡和家人生活在一起是作為一個父親的責任。他有責任為他的孩子樹立勤勞、沉著、節儉的榜樣，有責任讓孩子從思想上遠離賭博、浪費和奢侈。當他責備僕人無所事事，譴責他們懶惰粗心的時候，作為父親有責任讓孩子們在旁邊認真傾聽；作為父親，他有責任將那些放蕩風流和游手好閒之人拒之門外；作為父親，他有責任以身作則，教育孩子正確仁慈地對待動物；作為父親，無論他的工作有多忙，都應為孩子們做些事情，或者輔導孩子學習書本知識。

作為父親，他有責任培養孩子早起早睡的習慣。如果一個人說他沒有時間教育孩子，那麼就請他真誠地坐下，拿出一支筆和幾張紙來，把他在過去二十四小時飯後浪費在喝酒與吃奶酪、橘子、葡萄乾和餅乾上的每一分鐘都記錄下來，還有他在咖啡館或家裡浪費在看那些無用的新聞報紙上的時間，他花在請客、喝茶、閒聊上的時間，還有那些他本該上床休息但是卻點燈虛度的時間以及太陽升起了，他還賴在床上的時間。

還有他花在那些純屬娛樂消遣卻毫無實用知識的書上的時間，如果他把這所有的時間加在一起，所得到的結果一定會讓他感到心虛。

在家裡教育自己的孩子，我們看看孩子根據書本如何進行學習。顯然，男孩子最終都要學習文學或自然科學。如果他們想要成為外科醫生，他們就必須閱讀關於外科手術的書籍，其他職業也要閱讀與專業相關的書。但是，孩子們還應有一些基礎學習，他們還應去閱讀一些普及性的書籍。我現在要談談對於一個男孩子，到了十四歲以後，應該讀些什麼書，以及讀書的方法。

首先，不論是男孩子還是女孩子，我都反對他們去讀任何言情書。這樣的書對於他們有百害而無一益。他們不得不壓抑著這些書籍所激起的情感，他們會對真實的生活感到索然無味，每一個女孩都會感嘆自己不是索菲婭・偉斯特恩，每一個男孩都會夢想自己成為湯姆・瓊斯。

哪個女孩子不愛充滿野性的年輕人呢？哪個男孩子不會為了自己的粗野而找藉口呢？有什麼是比教育孩子早戀對孩子的成長更有害的呢？有一本言情書描述了這樣兩個年輕人，他們都是同一個母親的孩子，一個是私生子（或牧師的私生子），另一個是婚生子。

私生子粗獷、桀驁不馴、揮霍浪費，婚生子則性格穩重、沉著、順從、節儉。然而，那個私生子的性格中卻充滿坦誠和慷慨，但是後者卻成為一個貪婪的偽君子。前者後來娶了一位美麗又賢惠的妻子並獲得了雙倍財產，而後者卻最終淪為一個流浪漢。我不知道，年輕人讀了這樣的書，如何能夠培養正直、沉著、順從、節儉的美德呢？

而這又恰恰都是每一部言情故事、每一部戲劇的主題思想。比如在《醜聞學校》這個故事中，描述了兩個兄弟，其中一個是謹慎勤儉、品德高尚的人，另一個是輕率毛躁的浪蕩公子，還不時地嘲笑他哥哥的美德。最後，哥哥成了一個卑鄙的偽君子和騙子，給家人帶來了恥辱和羞愧；而後者卻擁有了無限的財富和高尚的名譽。總之，這類書籍，會誘使年輕人鄙視各種美德，最終會使他們成為父母的詛咒、社會的負擔，過著悲慘不幸的生活。

另外，這些書中還宣揚一種令人憎惡的思想，即出身高貴家庭的孩子，天生就具有高貴、勇敢、聰明的品質。看看《辛白林》中的兩個皇室年輕人和《道格拉斯》中的貴族青年，哪個人不會憎惡那些寫出這樣作品的卑鄙寄生中呢？書中描寫的年輕人，由牧羊人撫養長大，當不知道自己身世的時候，一直堅信自己就是這些卑微的牧羊人的兒子，但是，當他長大以後，卻發現自己具有貴族或上等社會的血統時，就立刻變得勢利而有野心，即使還在放羊牧馬的時候，都在渴望名譽聲望！為什麼要寫出這樣騙人的鬼東西？

這樣的作品無非就是為了欺騙普通老百姓，無非就是為了使他們能夠謙卑地順從，無非就是為了讓他老老實實地接受暴君的統治。這些臭名昭著的作者應該為他們的這種欺騙行為而感到愧疚，因為他們的報酬，是壓迫者從老百姓那裡榨取的血汗錢。

我現在也找不出什麼語句能夠描述那些作品對年輕人的傷害。這些作品中所宣揚的品行，十之八九都是糟糕惡劣的，必然會給年輕人帶來負面的引導。你如果認真探究這些書的實質，就會發現這些書中所倡導的都是一些愚蠢荒唐的品行。

莎士比亞根據薄伽丘的故事創作的劇本。

因此，每一個父親，當他把一本書放進他兒子或女兒的手中時，有責任確保孩子們所讀的書所描述的內容是真實可信的。

如果一個男孩子有意於從事某一具體職業，作為父親應該誘導他去讀與那個領域相關的書籍，如果有這樣的書籍，我就不必在這方面特別精通。但是，對於有一些事情，所有的人，特別是生活在中層階級的人，都應該了解一些，因為這些知識會成為快樂的來源。如果缺乏這些知識，就會使他們顯得卑微低下，而給他們帶來思想上的痛苦。這些每個人都應該有所了解的知識有語法、數學、歷史，以及一些地理知識。不具備這些知識，生活在社會中層的人們，無論他們在自己的工作領域中多麼有能力，都會成為一個愚笨的人。沒有語法知識，他就無法博學博識，更無法用語言文學來表達自己的思想，另外，他也不能正確地使用語言。

我認識許多人，他們聰明有才華，天生能言善辯，並有一定的社會地位，但是，僅僅因為他們無法把自己的思想用文字正確地表達出來，而使他們在社會中沒有一席之地！我敢說，我所著的《英語語法》一書，是最好的學習語法的書，我這樣說不含有絲毫的矯揉造作，因為有成百上千的人，有的透過口頭表達，有的透過寫信告訴過我，他們雖然在學校裡學了多年的語法，但是他們從來沒有真正學會過什麼語法，直到讀了我的書，他們才真正學習了什麼是語法。我在這本書中，清楚明了地闡述了所有語法原則，避免了其他書籍中錯綜複雜的描述使讀者產生的厭惡感，而往往正是讀者產生的這種厭惡感，成為他們獲取知識最大的也是最致命的敵人。

至於數學，這是每個人都必須學習的一門學科，這與他每週的薪資、開銷用度及交易的計算息息相關。我所讀過的所有有關數學方面的書籍，都非常糟糕，缺乏原則，又很容易使學習者困惑，因而產生厭惡感，以至於我自己都產生了寫一本關於學習數學的書籍的想法。最終因為這樣那樣的原因而擱淺了，但是我可以建議大家去讀一讀由利物浦的托馬斯．史密斯先生所著並出版的相關書籍，在倫敦這些書由舍伍德先生所出售。

該作者在數學方面知識淵博。這是一本原則條理性很強的書，任何人，一個星期內從這本書中所學到的知識要比從其他任何書中所學到的知識都要多。透過這本書，我用了一年的時間就學會了數學。

在上述學科的學習過程中，雖然這些課程相互之間可以互作調節，但是，歷史應該是作為放鬆的最好學科，特別是在學習語法的過程中，因為語法學習需要學習者大量的時間以及耐心。在所有歷史內容中，我們自己國家的歷史最為重要，因為，如果缺乏本國歷史方面的知識，我們就會對這個國家的一切感到迷茫，對這個國家將會如何發展更為迷茫。歷史與傳奇的區別在於：傳奇中所描述的內容都是既不適用於現在又不適用於未來的情況和事件，而歷史所描述的都是生活中實實在在發生的適用於所有時代的內容。

一個國家的歷史應該闡釋這個國家的產生、體系的發展、政治、文明和宗教；一個國家的歷史應該敘述國家各體系對人們生活的影響；一個國家的歷史應該描繪各個時期政府的政策制度；一個國家的歷史應該描繪各個歷史階段人們的生活狀況；一個國家的歷史還應該記錄人們為自由、道德和幸福所進行的奮鬥事業，當然也應該記錄人們悲慘的、不道德的和奴役的經歷。歷史應該透過不容置疑的事實向人們傳達一切，不會給人們思想中帶來絲毫的懷疑。

我們可以在學校裡學習地理知識。老師會告訴你地球上有多少個國家，對於那些僅僅是閒著沒事為了滿足自己好奇心的人，這些訊息就足夠了。但是，我認為一個年輕人把時間花在確定波斯或中國的邊界線，但是卻對約克郡或德文郡的邊界線、河流、土地或物產一無所知，這簡直既荒唐又可笑。學習地理知識，首先應該了解的是我們自己生活的國家的地理知識，特別是我們所出生的國家的地理知識。我自己國家的大山河谷，我幾乎全部親眼見過，國家中的每一個城市、每一個村莊，甚至每個小村莊的大部分地方，我都親自去過。因此，我有資格介紹我自己的國家。現在，我已經出版了一本名為《英格蘭及威爾士》的書，作為我的歷史手冊。

當一個年輕人清楚地了解了自己國家的地理知識，甚至了解了自己國家的一切，那麼他就能夠將自己的知識應用於實踐之中，當然，他可能也會看一些有關其他國家的地理知識，特別是那些強大的能夠對他自己國家造成影響的國家。

當人們沒有什麼有用的事情做的時候，他們就會僅僅為了滿足個人的好奇心而去讀書，但是這並不是勤勉，也不是學習，也不可能成為有學識的人。但是如果一個人手裡一會兒是報紙，一會兒是雜誌或評論，一會兒又是幾本書，那麼最終他的大腦中就會一片混亂，甚至不知道自己該思考些什麼。一個沒有思想的花花公子，把時間都浪費在穿著打扮、招搖過市或閒逛剔牙上面，這樣的人當然是可鄙的人，但是與之相比，那些自認為自己是個讀書人而自負地認為自己比任何人都聰明的人更可鄙。總之，年輕人不應該把時間花在讀一些對他而言沒有任何實際意義的書籍上。

旅行遊記、傳記、博物學特別是那些與農業和園藝學有關的書籍，都適合年輕人讀一讀，農業和園藝學方面的書對大部分人都是極為有用的。因此，那些不涉及我們工作的書籍，就不要在上面浪費時間，因為我們對我們的家庭和國家還有太多的事情要做。一個人可能一輩子讀書，但是最終卻成為一個無知的人，甚至比他所讀的書更愚昧。

對於女孩子，只會讀書那簡直是一種惡習。她們一旦養成了讀書的習慣，就會無視其他一切事情，甚至是自己的衣著打扮，更不要說無視其他家務活，如洗衣服、烤麵包、釀酒、做飯、餵養家禽、管理菜園這些她們本應該做的事情了。據說（當然我知道事實並非如此），威廉四世的妻子自己就是一個非常積極出色的家庭管理者。毫無疑問人們對她讚揚有加，我也相信，她為當今的年輕女性樹立了一個很好的榜樣，顯然，現在的女性也非常需要這樣一個榜樣。

第五封信　給為人父親者的忠告

現在的年輕人最大的缺點在於，無論生活在哪個階層，都過於妄自尊大。雖然許多人並不知道人們妄自尊大的直接原因，但是所有人都能深切體會到。過於理想化，這種現象已經出現了許多年。現在人們已經不會在農夫或工匠的名字前面加「先生」一詞了，這顯然是對他們的蔑視。任何一個商人，或者製造商、經銷商，只要他們非常富有，人們就會稱其為「先生」，鄉紳的兒子們一定都是紳士，他們的妻子和女兒一定都是夫人或小姐。如果僅此而已，如果只是人們對詞語的誤用，也並沒什麼大不了的，但是，不幸的是，這些稱謂卻會影響人們的為人處世。提到「年輕的先生」，人們幾乎不會聯想到商人或農夫。然而這個世界太小了，不可能有那麼多的先生、女士。此時，不知有多少年輕人都在哀嘆自己要不是木匠、泥瓦匠、裁縫或鞋匠就好了，又不知有多少年輕人因為社會中的這種歪風邪氣而希望掩飾自己可靠有用因而光榮的職業啊！

據盧梭觀察，一個人是否幸福快樂，首先是與他的美德成正比的，其次是與他的獨立性成正比。在眾行業中，工匠、手藝人是最獨立的，因為他們只要帶著雙手和本人，就能隨時隨地生存下來。此外，他的工作所涉及的物品越普遍，他的獨立性就越強。盧梭說：「只要有牙醫的地方，那裡就會有成千上萬的人需要看牙。」

這就是為什麼鞋匠是人盡皆知的最為獨立的人群，並且也是為什麼總的來說，他們要比其他人更具有公德心。那些依靠工作而生存的人，無論是做什麼工作的，如果他的工作不需要大量的體力勞動，就本性上講，他或多或少地都是個依賴者，實際上這也是他免於勞動所付出的代價。他可能會比較富有，或者比較有聲望，或者二者兼而有之，這也是對他不能擁有卑微者所擁有的獨立的補償。

對於女孩子來說，唱歌、彈琴、繪畫、學語法等都是非常適宜的興趣愛好，但是為什麼每一個女孩子都一定要成為音樂家、畫家或語言學家呢？這樣的話，誰來料理農夫或商人家中的事務？但是，比這更糟的是，這些女孩子自認為自己非常高貴，農夫或商人根本配不上她們。的確，她們確實高貴，因此，嫁給農夫或商人的主要都是女僕們。

如果她們能夠為自己的利益著想，她們一定會丟棄這種高傲。但是，她們之所以有這樣的思想，都是父母的錯，特別是父親沒有盡到自己的責任來教育她們遠離這樣的思想，沒有盡到自己的責任來告訴她們，女孩子最高貴的品質就是勤儉持家。我們都習慣於高估我們的作為，我自己可能也是這樣，但是我堅信，若要女孩子們摒棄這種世俗的思想，她們就應該耐心地讀一讀我寫的《持家之道》，在這本書中，我明確闡述了女性應該如何提高自己的持家技能和能力，這也是一個男人能否幸福的根本。伍斯特郡的一個女士對我說過，在讀我的《持家之道》之前，她從來沒有在家裡烤過麵包，也不會釀造啤酒，但從她讀了我的書後，她開始學習很好地持家，並且也從中得到了很多快樂。她說，那篇「如何烤製麵包」的文章，使她下定決心學習家務。事實上，如果她看過書中的事實和例證還無動於衷，那麼她一定是一個思想麻木之人。

我希望，這些不幸的事不要發生在好父親身上；我希望父親們的沉著冷靜、勤奮節儉的習慣，認真負責的態度，誠實正直的品性，都會使他們能安享晚年直至壽終正寢。他們的孩子，也必然會遵循他們的人生軌跡，而且他們會謹遵「孝敬父母，方能延年益壽」的戒律，堅信任何不尊重父母的行為，無論是對父親還是母親，都會受到懲罰。青春充滿激情，行為正直更會為青春增添激情。但是，不要讓酒鬼、賭徒、妓女等成為詆毀你存在的原因。去吧，去和那些狐朋狗友們親切握手吧，去擁抱那些貪婪無恥的妓女吧，去嘲笑父母們傷心的眼淚吧，當你的錢包空空如也、青春已逝時，貧窮與鄙視就是對你忘恩負義最好的懲罰！

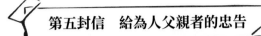

後記

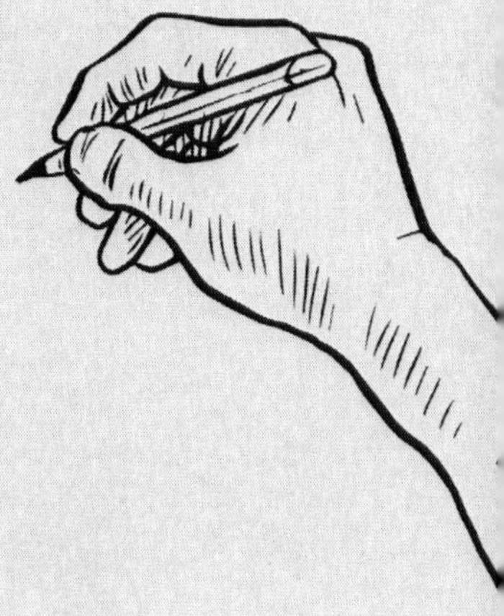

後記

我在《英語語法》一書的結尾，給我的兒子詹姆斯寫了幾句話，我現在將這幾句話作為建議送給大家。「會說英語和法語，會寫英語和法語，你就擁有了知識。這些知識不僅是寶貴的精神財富，而且是任何人都奪不走搶不去的。物質財富可能會因為一些變故而失去，昨天因為金銀滿貫而驕傲的人，有可能今天就成為一無所有的寄生蟲。健康，如果沒有健康生命就沒有意義。為了保持身心健康，你一定要養成早起鍛鍊的習慣，遠離酒精，飲食規律。是幸福還是痛苦，全在於自己的思想。我們活著，是我們的思想在活著，生命後記的長短不應該由我們活了多少天來計算，而應該由我們產生了多少重要的思想來衡量。因此，自尊之人，絕不會僅僅關注自己的財富或地位。施展自己的才華，但不要用才不當。努力發揮自己的才能，特別要在正義積極的事業中發揮自己的才華，特別是要在保護正義摒棄邪惡之戰中發揮自己的才華。」這些話，雖然我是送給自己的兒子的，現在，我將其作為本書的結語，送給大家。做一個正直、勤勞、穩重、快樂的人，我希望我的這本書，在某種程度上能有助於你為你的幸福增光添彩。

電子書購買

國家圖書館出版品預行編目資料

威廉・科貝特寫給正走在每個人生階段的你：青少年、青年、戀人、為夫、為父，來自英國散文家的五封信 / [英] 威廉・科貝特（William Cobbett）著，呂紅麗 譯 . -- 第一版 . -- 臺北市 : 崧燁文化事業有限公司 , 2023.02
面； 公分
POD 版
譯 自：Advice to young men : and (incidentally) to young women in the middle and higher ranks of life, in a series of letters addressed to a youth, a bachelor, a lover, a husband, a father, and a citizen or a subject.
ISBN 978-626-357-051-1(平裝)
1.CST: 人生哲學
191.9　　111021447

威廉・科貝特寫給正走在每個人生階段的你：青少年、青年、戀人、為夫、為父，來自英國散文家的五封信

臉書

作　　者：[英] 威廉・科貝特（William Cobbett）
翻　　譯：呂紅麗
發 行 人：黃振庭
出 版 者：崧燁文化事業有限公司
發 行 者：崧燁文化事業有限公司
E-mail：sonbookservice@gmail.com
粉 絲 頁：https://www.facebook.com/sonbookss/
網　　址：https://sonbook.net/
地　　址：台北市中正區重慶南路一段六十一號八樓 815 室
Rm. 815, 8F., No.61, Sec. 1, Chongqing S. Rd., Zhongzheng Dist., Taipei City 100, Taiwan
電　　話：(02) 2370-3310　　傳　　真：(02) 2388-1990
印　　刷：京峯彩色印刷有限公司（京峰數位）
律師顧問：廣華律師事務所 張珮琦律師

定　　價：299 元
發行日期：2023 年 02 月第一版
◎本書以 POD 印製